prometeo
libros

prometeo
libros

CRISTINA, UN ESPECTÁCULO POLÍTICO.
Cuerpos, colectivos y relatos en la última presidencia televisiva.

Gastón Cingolani y Mariano Fernández

CRISTINA, UN ESPECTÁCULO POLÍTICO.

Cuerpos, colectivos y relatos en la última presidencia televisiva.

prometeo
l i b r o s

Cingolani, Gastón
   Cristina, un espectáculo político : cuerpos, colectivos y relatos en la última presidencia televisiva / Gastón Cingolani ; Mariano Fernández. - 1a ed . - Ciudad Autónoma de Buenos Aires : Prometeo Libros, 2019.
   160 p. ; 23 x 16 cm.

   1. Comunicación Política. 2. Sociología de la Comunicación. 3. Sociología Política. I. Fernández, Mariano II. Título
   CDD 302.2345

Diagramación: Mabi Fraga
Corrección de galeras: Paula Amartino
Diseño de tapa: Erica Anabela Medina

© De esta edición, Prometeo Libros, 2019
Pringles 521 (C1183AEI), Buenos Aires, Argentina
Tel.: (54-11) 4862-6794 / Fax: (54-11) 4864-3297
editorial@treintadiez.com

www.prometeoeditorial.com

Índice

Presentación

Parece que llegamos tarde.

Gastón Cingolani y Mariano Fernández

Esta no es una intervención de coyuntura. No es una toma de partido ni el intento de iluminar un escenario. Es, ante todo, el registro ordenado y corregido de un trabajo conjunto, de años, sobre un fenómeno que sí es permanente. Porque el espectáculo político no es una malformación contemporánea. Es el modo de ser de la "política" en el espacio público, antes y después de la televisión.

Por supuesto, llegamos tarde. Porque todo, o casi todo, ha sido dicho y escrito ya. Casi todo: en ese hueco, en ese agujero en el que se pierden detalles, nosotros buscamos entender, describir y –eventualmente– explicar, algunas formas específicas de un espectáculo político cuyas condiciones de posibilidad ya no se repetirán.

Es que "Cristina" y la "televisión", de una cierta manera, parecen objetos de estudio del pasado: Cristina Fernández de Kirchner ya no preside la Nación, y la televisión parece ir cediendo territorio e importancia en el planisferio mediático, ahora ocupado también por los crecientes medios digitales y en red. Por supuesto, su actualidad política y social no ha desaparecido. Pero sobre todo haríamos mal en tomar la conjunción de ambos –que supo ser muy importante durante casi una década– como algo que no nos dice nada del presente, ni de una historia evolutiva de los modos de la mediatización de la política. Más aún ante las perplejidades que azotan los análisis sobre los consensos cosechados en nuestro país y en muchos otros (Estados Unidos, Francia, Brasil, por ejemplo), como resultado de las más recientes elecciones, consensos tan democráticos o republicanos como mediatizados. Habiendo escrito estos artículos sin pretensión de hacer un libro, hoy vemos que estos trabajos no perdieron vigencia, ya sea que se los lea como un fragmento de este presente continuo o que se los tome como un registro de nuestra historia política y mediática.

Algunos textos que componen los capítulos de este libro fueron escritos de manera individual y otros a dúo, tanto para presentaciones en jornadas y congresos como para su publicación en revistas de circulación académica. Hoy los reunimos señalando la fecha original de su publicación porque su –entonces– *presente* se hace visible en algunas ingenuidades que preservamos para dejar al descubierto los aciertos y los reveses de un trabajo de análisis sin conocer el resultado final de un proceso que estaba por entonces abierto. Es muy probable que leer estos trabajos en 2018 con otro gobierno kirchnerista o con una televisión con la misma vigencia y competitividad que hace diez años, nos hubiera ofrecido un sesgo diferente de algunas de las descripciones y conclusiones. El panorama actual es tan determinante de las lecturas que pueden hacerse de ellos, como incierto era en aquel momento el devenir político y mediático posterior. De ahí que ninguno de nuestros trabajos postulará futuros a partir del análisis de los hechos y procesos investigados.

En una mirada micro, las observaciones sobre cómo una figura institucional (la más importante para el sistema republicano) se hacía y deshacía como individuo (con sus rasgos singulares y también con los de su pertenencia a diferentes universos al mismo tiempo), y cómo trababa relaciones con la conformación de colectivos, nos llevó a un trabajo dedicado y detallista. Pero, al mismo tiempo, comprendíamos que eso no podía hacerse sin atender a los modos en que un medio tan cotidiano, complejo y político como la televisión, requería también de descripciones minuciosas de su lenguaje y de sus contorsiones. Preguntas como *¿por qué adquiere o pierde legitimidad una figura presidencial? ¿por qué lo político no depende sólo de lo institucional, y es indisoluble de lo mediático? ¿cómo se articulan entre sí el discurso gubernamental, el estatal, el partidario, el periodístico?*, hechas a vuelo de pájaro, son ansiosas y pretenciosas: piden respuestas que expliquen todo, y en lo posible, ya mismo. Sin embargo los fenómenos concretos desafían, y a menudo desmienten, la perspectiva *macro*. Para avanzar sobre los grandes asuntos, hay que meterse con los detalles, no apresurar respuestas ni concluir obviedades.

La semiótica en la que nos hemos formado nos enseñó sobre la importancia y la necesidad de ese trabajo artesanal, poco altisonante y respetuoso de la complejidad de los procesos que se estudian. Por ejemplo, los análisis de las estrategias comunicacionales de Cristina en pleno conflicto con el campo en 2008, fueron hechos en 2009, es decir, antes del fallecimiento de Néstor Kirchner, de la reelección de Cristina, de sus avatares médicos, de la nueva ley de Servicios de Comunicación Audiovisual, de los festejos del Bicentenario, de la muerte de Nisman, de la consolidación de La Cámpora como organización política. Esos análisis nos ofrecen –con algo de vértigo, ahora– un vistazo de cómo se organizaba un devenir político y mediático que no preveía casi ninguno de los episodios posteriores, y de cómo se puede estudiar el sentido de esas estrategias. Mirando hacia atrás, vemos que nos hemos divertido tanto al hacer esos análisis en su momento, como ahora con el efecto reflexivo que resulta de la relectura y reunión del material en un sólo volumen.

Casi todos los escritos son reediciones: el capítulo 1 originalmente fue hecho a dúo entre Gastón Cingolani y Raúl Barreiros, bajo el título "Lo mediático y el discurso político. El análisis discursivo", y publicado en dos versiones: en 2005 en *Cuadernos Argentina Reciente*, nro. 1: 34-41, y en 2007 en *Oficios Terrestres*, XIII, 19: 102-111, Fac. de Periodismo y Comunicación Social, Universidad Nacional de La Plata. El capítulo 2 fue presentado por Cingolani en el Pentálogo inaugural del Centro Internacional de Semiótica e Comunicação -CISECO, en Japaratinga (Brasil) en septiembre de 2009. Luego, en 2012, se publicó en portugués como "A midiatização da figura presidencial: espaços, estratégias e transições", en *Transformações da midiatização presidencial. Corpos, relatos, negociações, resistên-*

cias, A. F. Neto, J. Mouchon y E. Verón (orgs.), 53-67, São Caetano do Sul, Difusão Editora. Los capítulos 3 y 4 conformaban un único texto escrito a dúo por Fernández y Cingolani, y publicado en 2010 como "Televisión y política: espacio público, puestas en escena y regímenes de visibilidad", en *Oficios Terrestres*, XV, 25: 37-49, Fac. de Periodismo y Comunicación Social, Universidad Nacional de La Plata, que convenientemente aquí desagregamos y ampliamos. El capítulo 5 fue escrito para una conferencia de Cingolani en el quinto pentálogo de CISECO, en 2014, bajo el título "La mediatización, entre los cuerpos ciudadanos y el cuerpo presidencial", y publicado al año siguiente en *Dicotomía público / privado, estamos no caminho certo?*, Paulo César Castro (org.), Maceió, Edufal, pp. 187-209. El capítulo 6 fue redactado, originalmente, como una presentación de Fernández en el Congreso de la Asociación Latinoamericana de Ciencia Política, realizado en Montevideo, en 2017.

Finalmente, el capítulo 7 fue hecho a dúo, esta vez trabajando paralelamente en otro artículo publicado en un volumen colectivo que congrega a analistas de discurso político argentinos y brasileños, y coordinado por Mariano Dagatti y Vanice Sargentini (2018).

De todas formas, en la vuelta a esos escritos, decidimos aligerar algunas pesadeces. Y aprovechamos a veces para limpiar y otras veces también decidimos conservar algunas redundancias y repeticiones. Si bien esto puede llegar a conspirar contra una lectura secuencial —un lector que siguiera el orden de los capítulos podría preguntarse, quizás, si lo que está leyendo no estaba de algún modo en un capítulo anterior— es útil, sin embargo, pensando en las prácticas de lectura contemporáneas, que suelen desmembrar los libros y perder entonces algunos datos de contexto, algo muy frecuente en el ámbito de formación universitaria. La posibilidad de una lectura autónoma de cualquiera de los artículos nos pareció, por esa razón, una opción conveniente.

Por otro lado, intentamos que los artículos reunidos hagan un conjunto. Esto no quiere decir que se hayan podido abarcar todos los aspectos de la década investigada (2005-2015); por supuesto, hay episodios tratados con mayor intensidad, otros fueron estudiados con menor detalle, y es posible que al lector le parezca escandalosa alguna ausencia. Sin embargo, nos resguarda el hecho de que al escribirlos, no estábamos pensando en este libro (que, como tal, fue un proyecto *a posteriori*) y que hacemos múltiples llamados a leer trabajos de colegas que también han trabajado sobre el asunto.

Para terminar, nuestros agradecimientos.

Gastón Cingolani quiere agradecer a sus dos maestros, Eliseo Verón y Oscar Traversa, por tantos años de orientación y confianza; a Fausto Neto por brindar muy generosamente la oportunidad de encontrarse periódicamente con colegas de Latinoamérica a debatir y trabajar en profundidad sobre estos temas, al Área Transdepartamental de Crítica de Artes (UNA), y muy especialmente a Raúl Barreiros (*in memoriam*) con quien se inició en esta aventura semiótica, particularmente dedicada a los medios. También a León y a Vero, sin los cuales nada tiene sentido.

Mariano Fernández agradece al Consejo Nacional de Investigaciones Científicas y Técnicas, cuyo apoyo, tanto en la formación doctoral como posdoctoral, hizo posible la escritura de los textos que componen este libro; a Julia de Diego, Irene Gindín y Tomás Lüders, con quienes muchas de estas ideas fueron discutidas incluso antes de que se convirtieran en exposiciones y artículos; a Soledad Stoessel y Belén Morris, por la lectura atenta y las observaciones lúcidas sobre los textos. Y como siempre a Catalina, Luis, Sofía y Andrés. Ellos saben bien.

Finalmente un agradecimiento especial, de ambos, a Sol Montero por el apoyo y la confianza para que esos escritos dispersos tomen la forma de un libro.

Introducción

Un espectáculo político.

Mariano Fernández / Gastón Cingolani (2018)

¿Un espectáculo político? Sí. Uno más, pero no el mismo. Si la puesta en escena que acompaña las presentaciones públicas de un presidente –con sus reglas, sus condiciones tecnológicas, sus propósitos más o menos explícitos, sus actores y especialistas– remite a una forma permanente de la política profesional contemporánea, Cristina es el nombre de lo singular e irrepetible. Lo que persiste y lo que ya no se repetirá: entre esas dos formas del paso del tiempo buscamos situarnos, para capturar la modulación contemporánea de un fenómeno histórico y para comprender lo distintivo de un caso trascendente para la política argentina contemporánea.

El título de este trabajo no es, entonces, un sarcasmo o una ironía. No es un guiño cómplice a esa suerte de sentido común transversal que asocia *espectáculo* a mentira programada para cautivar mentes ingenuas, a artificio orientado a encubrir una realidad o a estilizarla. Sería difícil, para cualquier interesado, encontrar un gobierno o un líder político que haya prescindido de alguna forma más o menos elaborada de exhibición en el espacio público: lo interesante es entender cómo las modalidades del espectáculo se asocian a formas de construir tanto una figura como un colectivo político. Ese ha sido nuestro objeto de interés en este libro: las variaciones del espectáculo de la configuración pública de una figura y un liderazgo, y el de la presentación, la figuración y la auto-celebración de un colectivo político que no siempre fue igual a sí mismo.

Por eso Cristina como espectáculo político. Porque no vamos a indagar en una subjetividad, en una psicología, no vamos a rastrear la esencia (oculta tras bambalinas) de un ser humano. Pedirle autenticidad al líder político es como –para evocar la analogía de Peirce– pelar las capas de una cebolla para encontrar la verdadera cebolla. La fruición por encontrar, detrás de la máscara pública, la "verdadera naturaleza" del líder (su psicología, sus deseos, sus conversaciones privadas) tiene una utilidad restringida cuando de lo que se trata es de analizar su pasaje por y al espacio público[1].

---

[1] Tal y como lo han reflexionado las teorías dramatúrgicas de la interacción social, en nuestra vida cotidiana estamos expuestos permanentemente a formas, más o menos codificadas, más o menos voluntarias, de la puesta en escena (Goffman, 2009). Por eso, la autenticidad tampoco está reservada para nosotros, simples mortales

Pero si Cristina fue el centro, el suyo fue, casi sin excepciones, un liderazgo acompañado. La escena del encuentro con una multitud. O con multitudes que fueron adquiriendo una forma cada vez más precisa. Cuerpo y colectivo: en la construcción de un liderazgo político, uno y otro no pueden disociarse. El líder es un cuerpo y es –o aspira a ser o es investido como– la encarnación de una identidad colectiva. Uno y otro, cuerpo y colectivo, se nos presentan como objetos observables, dotados de una materialidad visual y sonora, en las calles, en estadios, en estudios de TV, escenificados, puestos en una relación determinada.

El kirchnerismo fue, también, la configuración de un espectáculo político, la introducción de una forma de visibilidad en el espacio público. Él mismo se ofrendó como tal, de la manera y en el lugar –¿el único, quizás?– en el que ese espectáculo puede realizarse de forma perfecta: como congregación colectiva televisada, en vivo y en directo. Esos espectáculos fueron menos piezas de comunicación electoral que encarnaciones dramatizadas de las formas de legitimidad que pueden fundamentar un liderazgo y una identidad política.

Sobre el espectáculo político.

Dijimos "espectáculo", dijimos "puesta en escena". Como este no es un texto de denuncia, ninguno de estos términos remite para nosotros a una "crítica política". No vamos a desentrañar la verdad *detrás* de algo. "Espectáculo" y "puesta en escena" son herramientas conceptuales, términos técnicos y no nombres sustitutos de la sospecha sempiterna sobre la manipulación y la mentira.

Una vez que se lo desliga de los prejuicios y preconcepciones que lo han convertido en un término peyorativo, el concepto de *espectáculo* se vuelve necesario, casi irremplazable. En primer lugar, porque es un concepto que sirve de parámetro de comparación; el punto, entonces, no es la presencia o la ausencia de espectáculo político sino el tipo y la modalidad de espectáculos que definen o caracterizan a una fuerza política o a un gobierno o a una época. En segundo lugar, porque su deriva puede rastrearse históricamente, siguiendo incluso el hilo de las innovaciones tecnológicas y de las transformaciones institucionales asociadas a ellas; eso explica por qué incluso los primeros estudiosos de la mediatización de la política rápidamente debieron reconocer que, con la televisión, no asistían a una excepcionalidad contemporánea sino a una etapa en una historia que, cuanto menos, puede remontarse hasta fines del siglo XVIII, con el surgimiento del espacio público en su sentido moderno, es decir, atravesado por la tecnología de lo escrito-impreso (Darnton, 2003). En

---

que jamás llegaremos a presidentes, y que a pesar de eso en nuestro devenir diario nos vemos puestos en permanente situación de cumplir un rol, de ser *personas*; esa inautenticidad, entonces, no es un problema ético, sino un destino inevitable. Todo discurso supone una escenificación; en el límite, hay amplias zonas de las relaciones sociales que son del orden de la puesta en escena y, por lo tanto, suponen o llevan implícita la figura de un espectador.

tercer lugar, porque la noción de espectáculo contiene, en su propia composición, la idea de una puesta en escena y de un espectador, es decir de una relación de tres términos.

La noción de *puesta en escena* será de empleo recurrente aquí, y su mención requiere dos aclaraciones. Por un lado, no se opone a lo que estuviera exento de ser *puesto en escena*, es decir, a algo despojado de un proceso de elaboración, que fuera o reflejara 'lo-real-en-sí-mismo'. "*Puesta en escena es sinónimo de puesta en sentido*, decía Verón ([1989] 2001: 77), y continuaba: la teoría de la enunciación nos ha permitido comprenderlo definitivamente. La pretensión de los periodistas de no ser más que un puro reflejo de lo real es, en consecuencia, tan ingenua como la denuncia del 'Estado espectáculo' por parte de algunos intelectuales, en nombre de no se sabe qué transparencia de la comunicación". Entonces, la puesta en escena es el dispositivo discursivo que organiza el conjunto complejo de signos que se dan a ver y escuchar, de una u otra manera y también lo que no se da a ver pero adquiere valor por su potencial remisión al *fuera de campo*, a lo que podría haber sido, a lo presupuesto, a la memoria cultural, etc., que deberá ser activada por los espectadores.

El espectáculo (político, en este caso) es una forma –sofisticada, costosa– de puesta en escena. Balandier (1994) la denominó "teatrocracia": una puesta en escena que muestra los juegos que hacen y deshacen la sociedad, "una sociología que no procede por enunciación sino por demostración mediante el drama". Pero si el espectáculo político –y en particular, el que escenifica una figura presidencial– puede ser visto, e incluso concebido, como un juego de ilusiones, y su productividad política cifrada en la eficacia sobre los espectadores, lo cierto es que si el espectáculo revela algo ese algo es una concepción, una hipótesis: son modos de escenificar el *lugar del cuerpo presidencial en el juego de fuerzas sociales e institucionales* que dinamizan el sistema político. El espectáculo es la traducción, en primer lugar, de una lectura política situada, condicionada. El espectáculo, que quiere producir efectos, es él mismo también el resultado, la respuesta, el efecto de un estado de situación.

En las democracias representativas de gran escala, la mayoría de los ciudadanos son –somos– espectadores. Y todo gobierno debe lidiar con la necesidad de producir una representación de sí mismo y de su concepción de la sociedad[2]. Debe manejar un equilibrio casi imposible entre la diversidad de colectivos (de intereses, de valores, de creencias) y la necesidad de producir formas unificadas de la comunidad. Por eso, la dramaturgia pública del poder gubernamental es una necesidad sociológica en las sociedades modernas (Kaufmann,

---

2 Como lo escribió Claude Lefort ([1989] 2012: 22) "Siempre se requiere un simbolismo particular para garantizar la idea de la unidad de la Nación y de su permanencia en el tiempo. Pero mientras que los poseedores del poder monárquico o aristocrático no se muestran sino para mantener el misterio del poder como tal, para hacer reconocer el secreto del que son los guardianes y que les confiere el derecho supremo a la decisión, el establecimiento de la representación democrática tiene por objeto –por lo menos en su principio– exhibir, delante de todos, los motores y los resultados de la deliberación pública, tornar legible la confrontación de las posturas que se engendran de la diversidad de los intereses y de las opiniones en el seno de la sociedad"

2018). Si la dinámica de las relaciones sociales tiende a la diferenciación, a hacer evidente que una totalidad tal como "la sociedad" es un artificio, y la unidad supuesta permanece como un acuerdo tácito, entonces las sociedades deben volverse tangibles, aprehensibles, deben dotarse de formas de generalización social. Y esa también es una tarea política. Estudiar las variaciones de las formas del espectáculo político estatal es, por eso, interesante y necesario: todo espectáculo lleva inscripta una concepción, no tanto de cómo esa sociedad es, sino de cómo un proyecto político se la representa.

Por eso, la naturaleza del espectáculo no está en los globos, ni en los fuegos artificiales, ni en las pantallas gigantes, ni en las pasarelas, ni en el cuerpo amaestrado –entrenado, *coacheado*– del orador principal. Sobre esos elementos se podrá montar una variación que defina las cualidades de una forma de concebir el espectáculo, pero no el espectáculo como forma de relación social.

Muchos investigadores del espectáculo político en las sociedades modernas –sea bajo la forma del ceremonial político (Abélès, 1989), o la multiplicidad de imágenes y situaciones de mostración del "poder" (Balandier, 1994), o sobre las variaciones de los regímenes tecnológicos (Debray, 2000),o la supervivencia de formas litúrgicas y de "religión civil" (Rivière, 1989), han buscado mostrar una suerte de continuidad en la necesidad del poder estatal por dotarse de una dramaturgia que traduzca una formulación del mundo (religiosa, trascendente, divina; o bien una derivada del poder otorgado por el pueblo). ¿Qué es lo que permite hilvanar una ceremonia regia del siglo XVI a un traspaso de mando en el siglo XX? A cada orden político y social corresponden formas del espectáculo político propias. El discurso político tiene que adaptarse a los regímenes de sentido disponibles en una época. Y el espectáculo político moderno es un espectáculo mediatizado.

La mediatización ha significado un cambio trascendente en la configuración de los espectáculos políticos. Pero quizás no tanto allí donde generalmente se buscan o se desean sus efectos –en la capacidad de las máquinas para inducir creencias o en la seducción del sortilegio que las habita– sino en la base misma de su sociología política. Podemos decirlo así: todo espectáculo presupone dos lugares definidos, el de los actores y el del público de espectadores. Pero en un espacio público mediatizado, esa forma binaria se vuelve un triángulo: ese espectáculo lo es, también y necesariamente, para un público de ausentes, antes quienes y para quienes, se elaboró esa puesta en escena.

La mediatización fue concebida, durante mucho tiempo, como un proceso histórico que se explicaba por la primacía de las lógicas mediáticas por sobre la autonomía del discurso político. Pero cuando se habla de "mediatización" la referencia a "los medios" (y en particular a la televisión) es insuficiente. El asentamiento y masificación del uso de plataformas digitales como Twitter y Facebook ha mostrado que pese a su persistente centralidad, los medios –concebidos como instituciones– también son transformados por los procesos de mediatización. Hablar de espectáculo cuando se habla de política no es ni hablar de "imágenes", ni reducir "la política" a un rasgo del que no puede escapar. La "video política" no fue un mal de época. Fue, en todo caso, la forma de una época[3]. *Fue*: finalmente, el problema no era que la "política" o el "discurso político" hayan sido obligados a someterse a lógicas que le eran impropias –porque la política, supuestamente, está en otra parte, no en la televisión….– sino que dadas unas series de condiciones, el contacto con la ciudadanía tuvo que hacerse, necesariamente, en las pantallas, en los sets de tevé, en esas "arquitecturas de la pantalla chica" tan bien analizadas por Eliseo Verón.

Del espectáculo al espectador.

Ya hablamos del espectáculo, ahora tenemos que hablar del espectador. Es simple: no se puede proponer una teoría del espectáculo político sin ofrecer, al mismo tiempo, una teoría del espectador porque de otra manera se corre el riesgo, o la fatalidad, de analizar una relación atendiendo sólo a uno de sus términos. Y casi siempre, o siempre, se termina por enunciar efectos –a veces, inefables– sin saber qué hay del otro lado. Esa propensión a suponer una identidad perfecta entre la causa –el espectáculo– y el efecto –la creencia ciega del espectador– es hija dilecta del vacío del que hablamos.

La pregunta, entonces, es ésta: ¿qué hacen los espectadores o bien los participantes de un espectáculo político? ¿Se limitan a absorber, como dóciles réplicas, todo aquello que el espectáculo les presenta como verdad? Ensayemos una respuesta: ante la falta de evidencia más vale considerar que aquel que *mira* también *hace*, piensa, es decir, selecciona y descarta, relaciona lo que escucha, ve y experimenta *ahora* con lo que ha escuchado, visto y experimentado *antes*. Como bien lo sintetizó Jacques Rancière en ese lúcido texto que es "El espectador emancipado":

> El espectador también actúa, como el alumno o como el doctor. Observa, selecciona, compara, interpreta. Liga lo que ve con muchas otras cosas que ha visto en otros escenarios, en otro tipo de lugar (…) Participa en la performance rehaciéndola a su manera, sustrayéndose por ejemplo a la energía vital que esa debería transmitir, para hacer de ella una pura imagen y asociar esa pura imagen a una historia que ha visto o soñado. Así, son a la vez espectadores distantes e intérpretes activos del espectáculo que se les propone (2008:20).

---

[3] Si aceptamos que lo que se dio en llamar "video-política" designó un fenómeno social contemporáneo (la irrupción de la televisión como una arena pública privilegiada de la política), debemos conceder que el término ya ofrecía una hipótesis sobre el fenómeno que pretende nombrar, y, por eso mismo, contenía una perspectiva de análisis y un posicionamiento (político) sobre ese mismo fenómeno. Giovanni Sartori (1998), quien se ha adjudicado la introducción del término en los debates sobre la mediatización de la política, escribió en su libro *Homo Videns*: "El término videopolítica (tal vez acuñado por mí) hace referencia sólo a uno de los múltiples aspectos del poder del vídeo: su incidencia en los procesos políticos, y con ello una radical transformación

Esto no convierte al espectáculo político montado por el poder en algo inocuo –toda lógica de dominación depende de una logística de los símbolos, escribió Regis Debray[4]– pero definitivamente nos impide caer en la ilusión de simetría, en la suposición de que el espectador –que, siempre, es el *otro*– o bien es arrastrado o bien se deja arrastrar.

Podríamos ensayar una respuesta adicional: la efectividad de un espectáculo político no depende de la perfección o la imperfección del espectáculo en sí mismo; en el mejor de los casos, él sólo viene a darle entidad material a una creencia ya consolidada. ¿Colabora el espectáculo a la producción de una creencia? ¿Es necesario para su reproducción? Podemos responder con dos "sí". Pero también podemos decir que sin creencia, no hay eficacia[5]. Porque todo espectáculo contiene una hipótesis de su espectador modelo, que nunca es un espectador total. Como la representación política supone, al mismo tiempo, un acto de delegación y un momento de dramaturgia, representar es también crear una escena política: visibilizar, de alguna manera, la relación de un representante con la ciudadanía. Y como esa representación nunca es plena ni transparente (nunca es una réplica exacta de los representados), esas escenas –las escenas que definen a un gobierno– son una tragedia política necesaria: la encarnación de un colectivo total –la "sociedad", la "ciudadanía", "el pueblo", la "gente", "la Patria"– siempre revela la inconsistencia de esas formas plenas de la generalidad social[6]. Del otro lado, siempre hay quienes no se identifican o quienes directamente rompen esa identificación.

---

de cómo ser políticos, y de cómo gestionar 'la política' ". Más allá de cómo se describa el contenido de esa "incidencia", lo que nos interesa es subrayar lo que la definición da por sentado: el sentido, la dirección de esa "incidencia", que va de la televisión hacia la política.

[4] "Puesto que *una lógica de dominación depende siempre de una logística de los símbolos,* y no se puede acceder a la primera sin pasar por la segunda" (Debray, 2000 : 61).

[5] La creencia y la integración en un colectivo son un entretejido, como bien lo explicó Emilio de Ípola (1997 : 12) cuando distinguió entre dos lógicas de funcionamiento de la creencia: como "lógica de pertenencia" y como "lógica objetiva de las ideas": "La creencia como confianza acordada es indisociable de la autoinclusión del enunciador como miembro de un colectivo (secta, iglesia, partido, nación, etc.) con quien justamente comparte esa creencia. Ese carácter indisociable del "creer" y del "ser miembro de" es el resultado más patente del funcionamiento de la lógica de la pertenencia".

[6] Benjamín Arditi (2009 : 132) ha sintetizado con claridad este problema: el prefijo "re-" de *representación* indica una repetición mediante la cual el pueblo retorna a través de un sustituto, pero lo que retorna no puede ser reducido a una mismidad inalterada, a la mera expresión de identidades e intereses preconstituidos. La acción de "hacer presente" introduce un elemento diferencial que modifica la presencia ausente del "pueblo". De lo contrario, tendríamos copresencia simultánea del "pueblo" y de sus delegados. La presencia del pueblo es, a la vez, indirecta y constitutivamente impura, pues es, al menos en parte, un efecto de la acción de representación en la medida en que esta conlleva un esfuerzo por configurar la identidad y los intereses de los representados en el proceso de dar respuesta a las cuestiones políticas clásicas de "quiénes somos" y "qué queremos".

El kirchnerismo, el colectivo y la creación de una escena política.

Estudiar las escenas políticas mediatizadas en las que el kirchnerismo se fue revelando como un colectivo implica estudiar una de las instancias en las que se fue consolidando como una identidad política. Pero, ¿qué nombramos por "kirchnerismo"? Por costumbre, inercia y comodidad, solemos nombrar como colectivo algo que todavía no lo es: hubo alfonsinismo, hubo menemismo, duhaldismo, delarruismo. El kirchnerismo fue, en principio, una etiqueta asociada a un nombre. Y lo fue antes siquiera de que se conformara un colectivo de identidad que pudiera darle un soporte y fundamento a ese *ismo*. No es que no existieran kirchneristas de la primera hora, pero se definían antes bien como seguidores o laderos que como integrantes de una colectividad política definida por rasgos de identidad. Conformar un colectivo político es un trabajo que lleva tiempo, es propiamente hablando un proceso que ni siquiera depende enteramente de una voluntad. Y un colectivo puede incluso mutar a pesar de conservar el nombre.

Kirchnerismo: hay, allí, una condensación. Está la época, la década estirada (2003-2015), tres períodos de gobierno, una épica y su inversión negativa, imaginarios políticos contrastados y contradictorios, una forma de gobernar, una lógica de intervención sobre las tensiones estructurales y la puja distributiva, maneras de construir escenas políticas y una identidad, un colectivo delimitado, con capacidad para auto-imaginarse y para producir identificaciones. Si como proceso político el kirchnerismo puede recortarse sobre un período delimitado, como memoria política es un animal que renace, o que es hecho renacer, una y otra vez: porque hay kirchneristas, porque es el adversario predilecto del gobierno asumido en diciembre de 2015 que lo evoca como el fantasma de un futuro temerario, o porque simplemente la fijeza del calendario no coincide con las reverberaciones de los acontecimientos políticos, que no se cancelan por voluntad ni por decreto.

Desde ya, en ningún caso pretendemos establecer una caracterización cerrada, probablemente ni siquiera una caracterización. Lo que nos interesó fue estudiar esas escenas en que un colectivo no sólo es invocado o representado sino encarnado: allí donde canta, se muestra en banderas y consignas, en remeras y en rostros. Y en particular, quisimos atender al hecho de que, con el paso del tiempo, en los actos del gobierno de Cristina, la escenificación de ese colectivo fue mutando en autocelebración del kirchnerismo como "proyecto nacional y popular". Como consecuencia, con el correr de los años se fue acentuando una tensión entre la invocación a una totalidad social y su efectiva encarnación en un colectivo de fronteras necesariamente diferenciadas y excluyentes. Si esta tensión puede resultar un objeto de análisis interesante es porque se expuso, en muchas ocasiones, en instancias —como las celebraciones patrias— institucionalmente orientadas a reponer, aunque más no sea circunstancialmente, un momento de comunidad plena.

Pero tampoco en esa forma de autopresentación podemos pretender recortar una imagen definitiva. El kirchnerismo será lo que deba ser, y será, también, los retazos más o menos articulados de memorias discordantes. Junto a los diagnósticos fundamentados, capacitados para la lectura comparativa, sobreviven y sobrevivirán las percepciones, individuales y colectivas, hechas de afectos y emociones, necesariamente sesgadas pero efectivas: de esos barros también están hechas las identidades colectivas.

Variaciones sobre el relato.

No podríamos pasar por alto en este libro que durante el kirchnerismo la declinación de la noción de *espectáculo político* más frecuentada fue la de *relato*[7], como si una y otra noción (espectáculo, relato) se absorbieran, o trabajaran en un servicio recíproco. Y no está mal: en política, el Relato, los relatos, son tan necesarios como los espectáculos, como el Espectáculo.

Han sido pocas, sin embargo, las oportunidades en que se hizo un ejercicio técnico para esa caracterización (Riorda 2006, Patrouilleau 2010, Annunziata 2016, D'Adamo y García Beaudoux, 2016). Descartada la idea de que *relato* equivale a *engaño*[8] (así como con la de que *puesta en escena* tampoco equivale a *mascarada*), entre las varias nociones de *relato*, hay tres que, conjugadas, nos parecen reveladoras de cierto funcionamiento del kirchnerismo, sobre todo el de *Cristina*: el relato como organización retórica, el relato como *metarrelato*, y el relato como narrativa transmediática.

- Como dispositivo de *organización* retórica, el relato es diferenciable de la *descripción* y de la *argumentación*, porque funciona como una mitografía que sustenta un universo cosmológico de fuerzas, acciones y valores. Su organización se adapta muy bien a distintos lenguajes y soportes: la literatura, la oralidad, la historieta, la radio, el cine, el teatro, etc., todos ellos se nos ofrecen relatos. Los teóricos de la semiología estructuralista (Barthes [1966] 1977; Todorov, 1978; Greimas, [1966] 1971), inspirados por el formalismo, identificaron y caracterizaron el relato como el encadenamiento de hechos o estados descriptos en algún hilo temporal, con dos formas de la *consecuencia*: como algo en secuencia con otra cosa, y como algo que es resultante de alguna transformación. La molécula básica del

---

[7] O podríamos decir, también, el Relato, con mayúsculas. Porque, en nuestro país, durante el kirchnerismo –más precisamente, desde fines de 2007–, ese término no designó una herramienta de comunicación política sino un objeto de disputa, de modo que el término funcionó como un imán: a él le fueron adosadas todos y cada uno de los discursos que, desde la oposición al Gobierno, eran concebidos como mentiras deliberadas. Como mostraremos en el capítulo 7, el Relato fue el resultado de un juego de lecturas cruzadas y opuestas: Cristina planteó, en su discurso de asunción, el 10 de diciembre de 2007, la necesidad de generar un relato diferente sobre los argentinos (de modo que el "relato" era un contra-relato) y rápidamente, con lucidez anticipatoria, desde el diario Clarín, el editor Julio Blanck, entendió que allí quedaban implicados los propios medios de comunicación. Relato y agenda, el largo plazo y el día a día, atados en una controversia cotidiana.

[8] A propósito de las noticias periodísticas en Gran Bretaña sobre la guerra de Malvinas, Hall en 1983 llama "construcción narrativa de la realidad" a la versión que el gobierno británico hizo difundir bajo su estricto control sobre dicho conflicto (O'Hara, 1984).

relato incluye un héroe o una heroína, un objetivo, un donante, un villano a vencer o un obstáculo que sortear, un ayudante y un destinatario que se beneficiará o perjudicará con sus consecuencias. Aquí cabría identificar una heroína sujeto del relato (*Cristina*), un objeto (*restituir la igualdad, distribuir la riqueza*), un oponente (variable en las coyunturas, pero estructuralmente *los medios hegemónicos y las corporaciones*), un ayudante (voluntario o no: *los sectores populares, el apoyo de los gobiernos de "izquierda" latinoamericanos, el contexto económico internacional*), un donante (*la ciudadanía que, con su voto democrático, eligió el proyecto nacional y popular para la liberación*) y un destinatario (*el Pueblo*). El esquema podrá invertirse: según quién narre, el villano puede ser el héroe, el obstáculo una ayuda, y así. De alguna manera, la "grieta" política tuvo a esta forma de relato y a su negativo disputándose la legitimidad en el nivel discursivo, a tal punto que se esgrimieron estas contraposiciones como enfrentamientos entre relatos, lo que disparó otra acepción del mismo, la de 'versión K contra versión no-K', e incluso, como en la de 'mentira vs. verdad'.

Si nos mantenemos en el foco del relato kirchnerista, vemos que su organización narrativa (los roles de sus actantes o "personajes", la delimitación del campo de las acciones y situaciones según un verosímil) compone un claroscuro pronunciado, con héroes muy buenos y villanos muy malos, con ayudas y obstáculos altisonantes, con destinos y destinatarios que se pierden en el horizonte pasado y futuro. Tal vez, este claroscuro no sea una cualidad particular del kirchnerismo y sus detractores: la historia argentina los ha dado en cantidad. Pero si consideramos ciertas características que entretejen los recursos narrativos con ciertas tópicas, estamos ante una clave narrativa que tiene nombre técnico: lo melodramático. Lo que los formalistas habían señalado como la "teleología de las emociones"[9], la "teleología moral"[10] y la sustancia técnica de algunos principios y recursos del relato, son rasgos de esta clave que se condensan en el relato durante la era kirchnerista en la presidencia de *Cristina*: como actante principal del relato kirchnerista, Cristina ha sido una heroína que insufló su especial carácter, entre otras cosas por su voz en *primera persona*, el dramatismo de cada episodio, su pasaje sin escala entre niveles micro y macro, y la vista siempre en un horizonte épico. Una hipótesis que se despliega a lo largo de este libro es que lo que se llamó su *personalismo político* (tan criticado desde los sectores opositores al kirchnerismo, y tan valorado entre sus copartidarios) fue, en el nivel macrosocial, constituido

---

[9] En la síntesis de Gerould (1978) sobre la caracterización formalista de lo melodramático, aparece la tematización en motivos inspirados en *"hechos de la vida diaria y por las acciones de los personajes"*, *"la construcción del argumento con inesperados giros y filosos reveses en la línea argumental"*, la inyección de "sentimientos maternales" o "amatorios", la persistencia del "discurso apasionado", entre otros rasgos.

[10] Dice Gerould que "El melodrama enseña, consuela, castiga y recompensa; esto somete el fenómeno de la vida y la conducta humana a las inmutables leyes de la justicia y ofrece reflexiones sobre las acciones y los sentimientos de los hombres.", "Las acciones y los gestos de los personajes son absolutos, desprovistos de transición gradual.", se marcan los contrastes ("personajes de diferentes puntas de la escalera social (mendigo y conde) o de distintas alturas morales (villano y víctima). El contraste puede existir en los cambios de estado del mismo personaje: un personaje es capaz de ser inesperadamente transformado de malvado a virtuoso (en general, en el desenlace), o el "amor" puede convertirse en "venganza".

en los medios audiovisuales, especialmente en la televisión. No se trató de un "carisma" metafísico, sino de un cuerpo que encarnó literalmente la heroicidad del relato. Lo melodramático también se anudó ahí: Cristina fue una mujer que transitó en un *continuum* la vida pública y la privada, la juventud clase media y el ascenso al máximo escalón del poder político, la presidencia y su intimidad, lo incidental y el horizonte sublime, el vigor encarnado ante fuerzas ingobernables y descarnadas, integrando incluso las dimensiones que la institución manda (o prevé) guardar aisladas.

¿Cómo manejar esos niveles en las mediatizaciones actuales? El relato se teje con todas esas hebras. Pero a diferencia de lo que sucedió durante las presidencias de los años '90, aquí la vida "privada" se mediatizó como parte de la vida presidencial, y no a pesar de ella. Sin mencionar la clave melodramática, Sarlo[11] describe amargamente este estilo narrativo de Cristina. No vio, acaso, que se trata de un *verosímil* (Todorov, 1970; Metz, 1970) que no responde únicamente a la subjetivización contemporánea de los relatos individuales, biográficos, sino que porta la necesidad de una épica que, con próceres y mártires a la cabeza, buscó promover la renovación de la fe (inseparablemente política y estética) en un proyecto de "nación" y de "pueblo", dos viejos actantes conocidos de un metarrelato que parecía en desuso. Para ese relato, Cristina fue tan heroína, como villana en la versión contrapuesta.

- El relato como *metarrelato*: en esta época se ha tomado bastante seriamente el relato como verdad relativa. El problema son las paradojas. Si lo relativo es inevitable, se comprende como una de las formas de lo ideológico. Cuando lo ideológico no es visto sólo como distorsión, se asume su rol productivo, transformador y también transformable. Pero la seriedad decae cuando se olvida o se deja de lado que todo ideológico responde de modo diferente a los condicionantes individuales que a los colectivos, a juegos de intercambios entre sistemas distintos (no son lo mismo el periodismo, el ámbito jurídico, la ciencia, la política, la historia: todos ellos ostentan un valor de *verdad absoluta* pero diferentes entre sí) o intrasistémicos (al interior de cada uno de esos dominios, las diferencias son la sustancia misma de cada sistema, lo que los organiza y sostiene). Entonces, surge el "relato K" como engaño. O como develación. Los ecos de las disputas se dan siempre sobre el mismo trasfondo: el relato propio no es el único, pero es el verdadero. Lo que liquida parte del movimiento emancipador de la verdad absoluta es que se vuelve al modelo de relato anterior. Es entonces cuando las mediatizaciones nos dejan al desnudo frente a muchos relatos contrapuestos, a muchas verdades contradictorias, y no hay metarrelato en producción que garantice confianza consensual en recepción.

Como televidente le creo, pero como ciudadano no (o a la inversa). Como ciudadano acepto lo legal, lo democrático, lo republicano, pero como consumidor no me gusta, me aburre (o a la inversa: puede que sea ilegal, pero *me gusta*). El kirchnerismo se ofreció como

---

[11] Beatriz Sarlo, "El imperio del Yo", La Nacion on line, 14 de junio de 2012. https://www.lanacion.com.ar/1481917-el-imperio-del-yo

un metarrelato emancipador de múltiples causas sociales, pero su materialización no escapó a un mercado mediático de relatos *relativos*, no sólo por sus verdades, sino también por sus poéticas y sus estilos. El modo en que Cristina quiso evitar la mediatización fue, sin embargo, mediático y mediatizado. Por otra parte, en un mundo hipermediatizado, es inevitable lo contrario a lo que actualmente se teme: la burbuja de filtros (Pariser, 2017), o el efecto de la cámara de eco. (Barberá, s/f; Guess, Lyons, Nyhan, Riefler, 2018). Pero por más que quiera aislarme, permanentemente me encuentro con la insoportable otredad. Si el kirchnerismo y un *otro* se enfrentaron –entre otras causas– por verosímiles estilísticos contrapuestos, Cristina encarnó el protagonismo de un estilo y sufrió la paradoja de la inclusión bajo el lema "La patria es el otro", mientras los canales de noticias opositores subrayaron cada rasgo estilístico de sus militantes y de los antagonistas. El metarrelato estilístico se irradió como narrativa.

- El relato como *narrativa transmediática* (Jenkins 2003, 2008, 2009; Jenkins, Ford, Green, 2013; Scolari, 2013): si hubo un gobierno argentino que comprendió –con una precocidad memorable– la lógica de las *narrativas transmediáticas* es el de Perón de 1945-1955. Es cierto que por entonces los medios estaban centralizados y condensaban prácticamente toda la productividad narrativa. Lejos de aquel proyecto, y con un sistema mediático en brutal transición de los medios masivos a las redes (Cingolani 2014b), la diferencia con respecto al primer peronismo es que durante el kirchnerismo proliferaron los relatos de los *prosumidores* (consumidores que producen relatos, por ejemplo, en las redes sociales, en las plataformas de videos, en blogs), surgieron personajes autónomos en la *saga* (no políticos profesionales sino artistas, periodistas, deportistas, etc.), germinaron los *spin off* (o relatos paralelos al central, a partir de un hecho o personaje[12]), y hasta se produjo *merchandising* de creación artesanal (remeras, *pins*, bandanas). Estas prácticas, abrevando en el *fandom*, retroalimentaron –por estilo y por poética– la dimensión épica y narrativa del kirchnerismo, particularmente el de Cristina, como un movimiento *pop* de lo que se llama "cultura participativa". Como relato, esta *narrativa transmediática* toma estado masivo antes del fin de la primera presidencia (en los festejos del Bicentenario, en los funerales de Néstor Kirchner) y se consolida en la segunda presidencia (2011-2015) con el protagonismo ascendente del actante juvenil en las liturgias (los discursos de Cristina en los patios de la Rosada), como encuentro entre lo *top-down* (de arriba abajo) con lo *bottom-up* (de abajo arriba). Que se comprenda el subrayado: no se trata de señalar como simpática o como superflua la dinámica de esta narrativa participativa, con rebordes de *fandom*, sino de ver que las condiciones de mediatización adquirieron, en un nivel, la forma de *relato* no como imposición prearreglada ni mecánica, sino como evolución de un gobierno en coevolución con los variables escenarios mediáticos.

---

[12] Aquellos artistas, periodistas, celebridades que han llevado adelante reivindicaciones y disputas en nombre del "Proyecto" y en defensa de Cristina.

Atención a la paradoja: la épica de Cristina tuvo como villanos a los "medios hegemónicos y concentrados"; su relato se postuló entonces como contra-relato en lucha contra una idea centralista de los medios, buscando enfáticamente evitar las intermediaciones de enunciadores que tenían una larga consolidación en el sistema mediático. La batalla se libró como fantasía de una liberación de todo relato determinado por quienes detentaban el manejo del sistema de medios. El terreno de la discursividad mediatizada fue crecientemente ocupado por relatos no centralizados, descentralización producida menos por el esfuerzo presidencial que por un nuevo entorno mediático, donde las redes, plataformas multimediales, y otros emprendimientos ajenos al mercado periodístico típico del siglo XX, albergaron posibilidades que unos y otros debieron descubrir y desarrollar. Así, deberíamos distinguir entre *relato kirchnerista* y relatos *sobre el kirchnerismo* porque "el relato" de ninguna manera obedeció a una autoría única y monofónica. Tuvo la participación de muchos, incluyendo a los independientes y especialmente a los detractores.

Para sintetizar, la política es invariablemente puesta en discurso, organizada más narrativa que argumentativamente: tal como llega al conocimiento colectivo no está estructurada por premisas y razonamientos (aunque se haga uso de ellas) sino por relaciones entre "actantes" (actores, fuerzas condicionantes) pugnando en acciones que se despliegan temporalmente, lo que se conoce como un relato. Si los discursos que estructuran ese relato no están pulsados desde un único centro, tenemos una multiplicidad de relatos, luchando a su vez por un metarrelato legitimador. Y si además estamos en una sociedad altamente mediatizada pero los discursos no están únicamente en manos de las instituciones tradicionalmente productoras, podemos tener estas otras narrativas transmediales.

Es en este contexto que ya no se podrá tratar al *"relato"* ("K", "M", o el que venga) con liviandad: es un objeto de estudio con las complejidades que exige una época de transiciones políticas y mediáticas. Es posible que los artículos de este libro no completen semejante labor, pero al menos buscamos evitar acurrucarnos en el lugar común esterilizante de los análisis que toman a los medios como meros vehículos o como contaminantes distorsivos de la verdadera actividad política.

El cuerpo de Cristina.

Cristina despertó y aún despierta, en el hilo histórico de Argentina, una serie de sobresaltos. No nos referimos a los sobresaltos trivialmente políticos, aquellos que pueden ser leídos como amenazas u oportunidades en la puja cotidiana por los espacios de poder institucional y parainstitucional. Los sobresaltos que aquí vamos a tratar, tuvieron plenamente que ver con diversas situaciones, algunas incidentales, que dieron forma a lo largo de ocho años de presidencia, a una estrategia política desde lo comunicacional.

Nos vamos a referir a la ex Presidenta Cristina Fernández de Kirchner como "Cristina", no sólo para simplificar la escritura y su lectura, sino también para poner de relieve un aspecto que acompaña esa denominación: su individualidad, su personalidad, su cercanía, su confianza. Otras denominaciones subrayan las apelaciones de algunos medios antagonistas (sus iniciales: CFK), la observancia del apellido de casada (Cristina [Fernández] [de] Kirchner), su extrañeza bordeando la anonimia (Cristina Fernández). Se podrá decir que el uso del nombre de pila remite a una cuestión de género[13], lo que no estaría reñido con su referencia asidua a su condición de mujer. Pero es difícil suponer que esto haya sido considerado al momento de adoptar este *nom de guerre* allá por 2005.

Cristina fue un cuerpo. El cuerpo es la sede de lo singular irreductible. Es lo que no puede domesticarse completamente. Puede intervenirse, formatearse para la figuración de una generalidad. Pero su base es una materia que tiende a autoseñalarse: su formateo exige un trabajo de disolución de lo singular, de corrección, adecuación, regularización. Y el cuerpo no es (sólo) soporte de lo que se comunica, es también plataforma de dispositivos como la voz y la mirada. En los trabajos que produjimos en estos años, fuimos entrando en los detalles a medida que la propia Cristina, así como los contextos que rodearon y sustrajeron sus rasgos, nos llevaron a ampliar nuestras capacidades descriptivas y analíticas para comprender que, más allá de las palabras, había allí una presidencia audiovisual, con sutilezas y trazos gruesos que convivían y complejizaban su figuración. En Cristina se condensan las críticas éticas, las controversias, las hipótesis sobre la *real-politik*. Más de una vez nos preguntamos si atender a detalles en apariencia superficiales, cosméticos y a veces apenas controlables, no nos distraía de los verdaderos problemas de fondo. Pero si de lo que se trata es de construir confianza, en un gobierno como en la vida cotidiana, en los detalles se condensan las grandes fuerzas. Y en verdad, semejantes saltos entre lo singular y lo general, entre lo ínfimo y lo macro, entre lo circunstancial y lo histórico, entre la personalidad y el Estado, no son otra cosa que abismos a sortear para alcanzar la confianza que permite continuar o alterar todo.

En un presidente de la República, imagen pasajera de una Nación permanente, coexisten un individuo audiovisual y un principio esencial. Un humano demasiado humano, temporal y falible, y una perennidad soberana y colectiva. Como en otras épocas el Rey, la Nación no puede morir. Invisible en sí misma, le es preciso por lo tanto encarnarse en unas realidades, precarias por naturaleza, pero sin hundirse con ellas. Cristina fue un cuerpo: no sabremos si lo decidió, se le impuso o fue un proceso de conformación sobre la marcha. Pero ni sus vestidos, ni sus lágrimas, ni el abrazo con Néstor, ni su crispación, ni su silla de ruedas, ni su video con el perrito Simón, ni sus calzas, ni sus maquillajes, ni sus conversaciones en los patios de la Rosada, ni sus ausencias por intervenciones médicas, ni la recepción de la banda en manos de su hija, nada de eso hubiera tenido valor político si su cuerpo no hubiera sido significativo.

---

[13] La lingüista Silvia Ramírez Gelbes así lo sugiere en "El hermano y la ideología", Perfil, edición en línea, 07/01/18, http://www.perfil.com/noticias/columnistas/el-hermano-y-la-ideologia.phtml (Recuperado en marzo 2018).

Durante las presidencias de Cristina, todo ello dio sustancia a una identidad política que tuvo un acople perfecto entre una organización personal-corporal altamente significante, y una mediatización que tuvo como centro a la televisión. Tal como lo muestran los estudios que han indagado los procesos evolutivos de la mediatización en las sociedades modernas, la televisión ha sido incluso mejor que la radio y que el cine para *poner el cuerpo*, ya que en este medio el contacto a través de la mirada, el ingreso a los espacios domésticos y su integración a la conversación cotidiana, su flujo en la secuencia de actividades privadas y su sincronización con el acaecimiento de los hechos públicos, constituyen lazos mucho más intensos que en sus antecesores electrónicos e impresos.

Ahora bien, ¿es la televisión el medio "ideal" para la construcción de una identidad política con éste perfil? Sin dudas. Aunque esta certeza tiene sus matices y sus aspectos particulares: nadie decide de antemano utilizar la televisión, como si fuera algo tan sencillo, o como si la televisión fuera una superficie lisa y estática sobre la que se puede inscribir cualquier cosa que se desee. Por eso no corresponde hablar de "telepresidentes" (Rincón, 2008). El presidente es *tele*, como antes fue moneda, retrato, fotografía, palabra escrita, voz radial. Puestos a lidiar con condiciones objetivas –es decir, que se les imponen– los líderes ejecutivos deben utilizar los *medios* a su alcance para ponerse en contacto, es decir, para hacerse presentes, con una ciudadanía necesariamente ausente.

La investidura presidencial fue formateada por una historia del espectáculo a la distancia, en un estrado lejano, por lo que la proximidad al servicio del contacto demoró muchas décadas, se evitó, se dosificó, y se amortiguó con artilugios protocolares. Podría decirse que en nuestro país, recién Menem y Cristina aprovecharon ese recurso como núcleo de sus estrategias, aunque con modalidades muy diferentes. Entre otras diferencias, Menem aceptó ser múltiplemente entrevistado, invitado, y mediatizado haciendo las más variadas cosas al alcance de una figura del espectáculo: jugó al básquet y al fútbol, condujo programas periodísticos, etc. Cristina, por el contrario, prodigó otro tipo de despliegue, siendo menos ubicua y polimorfa, a la vez que más intensa y nítida.

Respetar la autoridad de un presidente de la República, escribió Regis Debray, es *ver doble* al mirarlo. Ver cómo se revela el cuerpo místico a través del cuerpo sexuado, situado, contingente, afectado por el paso del tiempo (lamentable y patético como cualquiera de nosotros, como todo lo que es esencialmente accidental). Ver al pequeño ser opaco que habita al grande *que no se ve pero que, a cambio, lo viste de luz*.

Pero, como dice Debray (1993 [2000]), la televisión impide ver doble. Porque la televisión no cree en lo invisible. Y esto también es un problema, no desde la óptica del ciudadano, sino de la del propio gobernante, cuando se sobre-expone. Cuando no hay creencia de por medio, la televisión anula el aura, lo absorbe y lo desvanece. Al decir de Kantorowicz (2012: 37): "En particular la mística política está más expuesta al peligro de perder su poder de encantamiento o vaciarse de sentido cuando se la sustrae de su entorno natural, de su tiempo y de su espacio".

¿Son los medios, y en especial la televisión, el entorno natural de un presidente en nuestra era? ¿Podemos nosotros, como analistas, hacer el esfuerzo de recomponer ese contexto para comprender algunas facetas de lo que implica una presidencia en una era televisiva, ahora que esa era parece deshilacharse o reconvertirse a otras formas de lo audiovisual? ¿Son válidas las conclusiones sobre los modos en que se construye un escenario político, cuando ese escenario ya ha cambiado? Los escritos fueron producidos en investigaciones casi simultáneas a los hechos estudiados. Pero ni el dispositivo presidencial, ni su mediatización audiovisual han cambiado tanto: todavía el presidente se encarna en un cuerpo, que contacta (o no), que tiene una voz, que actúa e interactúa, que interviene narrativa y argumentativamente. Y los ecos de Cristina aún despiertan y sobresaltan.

CAPÍTULO 1

Pequeñas estilizaciones de peronismo. Las transmisiones de lanzamientos de campaña de Cristina y de Chiche Duhalde para senadoras en 2005.

Gastón Cingolani (2005 / 2007)

> Todo lo que conocemos sobre nuestra sociedad,
> o de hecho acerca del mundo en que vivimos,
> lo conocemos a través de los medios masivos.
> … Por otro lado, sabemos tanto sobre de los medios
> masivos que no podemos confiar en ellos como fuentes.
> Nuestro modo de lidiar con ello es sospechar que hay
> manipulación, y sin embargo no hay consecuencias
> importantes porque el conocimiento adquirido de los medios
> masivos se fusiona de acuerdo consigo mismo en una
> estructura autorreforzante. Incluso si todo conocimiento
> portara la advertencia de que está abierto a la duda,
> aún así debería usarse como base, como punto de partida.[1]
> Niklas Luhmann, *The reality of mass media*, 2000, pág. 1

La política es un espectáculo, siempre lo fue.

Estamos, como siempre en las democracias, en las vísperas de las campañas políticas. Las tarimas y los palcos comienzan a armarse y los medios cederán algunos segundos o centímetros de su tiempo y espacio, y como siempre los cronistas de "política nacional" hablarán de actuación, espectáculo, armado de la escena, teatralización, escenario; creyendo que usan una pretendida figura retórica: la ironía. Se engañan, solo describen. Para desarrollar el tema tomaremos como ejemplo los análisis realizados en nuestra investigación de algunas de las campañas políticas del 2005.

La necesidad de representar es la de construir. Todo acto humano que muestre afecto, odio, poder, sumisión, tristeza o pasión incluye una representación. La comunicación de

---

[1] Las traducciones de los fragmentos de textos de Luhmann son nuestros, a partir de la traducción al inglés.

lo político, como la de muchos otros sectores de la vida social fueron siempre representación; el mismo lenguaje no es la realidad sino su representación y todo discurso tiene un cimiento ficcional. Las fuerzas armadas han hecho de la representación su actividad principal en tiempos pacíficos: desfiles, juras de la bandera, guardias de honor, traspasos de mando y otros tienen su propia puesta en escena, podríamos incluir en esta lista a las iglesias y sus ritos, a la justicia y su escenificación.

No hubo un momento en que la política no haya sido espectacular. Lo que sucede ahora es que también se ha vuelto mediática. Para analizarlo hay que tomar la lógica de los medios, la creencia que tiene la sociedad en su influencia y aun los propios medios. Los medios construyen una realidad, le dan sentido con su puesta en escena. Dice Eliseo Verón:

Puesta en escena es sinónimo de puesta en sentido. No hay producción de sentido sin puesta en escena. La pretensión de los periodistas de ser sólo un reflejo de lo real es, en consecuencia, tan ingenua como la denuncia del 'Estado Espectáculo' por parte de algunos intelectuales, en nombre de no se sabe qué transparencia de la comunicación. (Verón, 2001: 77)

Lo que puede suceder es que ciertas puestas en escena coincidan o discrepen con nuestro imaginario, con nuestros prejuicios o gustos estilísticos. Así, algunos preferirán un estilo despojado y otros sectores de la población preferirán un estilo más barroco como sinónimo de sinceridad política. En esta campaña de elecciones 2005, pudimos observar puestas en escena que correspondían a:

Enunciación de comedia brillante: Cristina Kirchner.

Enunciación de estilo costumbrista: Chiche Duhalde.

Medios.

La lógica de los medios implica que "Lo que debe ser tomado, según el estándar propio de los medios, como exitoso se renueva en el modo de crisis" (Luhmann (1996:7). Por lo tanto en vez de modo –aunque sería lo mismo– vamos a llamarlo enunciación de crisis. Esto presupone un cierto cambio en la enunciación del texto original, en la enunciación del político en su acto.

Los medios –en función utópica– intermediarían entre todos los sectores sociales: pueblo, políticos, empresarios, fuerzas armadas, iglesia, sindicatos y otros que surjan espontáneamente, por ejemplo: manifestantes en desacuerdo con algo. Pero los medios son también propiedad de los empresarios, son empresas y tienen sus intereses económico-políticos y se comportan por sí y ante sí según entienden el mundo y sus negocios y la cultura que les hace pertenecer a un grupo social y apoyan con fervor sus intereses. Creer que los medios –cada uno de ellos– no defiende una visión del mundo es imposible. Los políticos lo saben y sin embargo fingen que son un espejo donde se ven los deseos de todos. Los medios se representan a sí mismos en cada centímetro de sus páginas y sus pantallas, en cada palabra. Y bien que hacen: es su mayor rasgo de humanidad. Cuando Kirchner y "La Nación" se enfrentan, ambos se reconocen en su rol político, aunque las cuestiones de estilo vestimentario que critica el diario no son contestadas con críticas de estilo a sus plumas... periodísticas y exhiben ambos sus intereses que contraponen dos ideas de nación, pues a pesar del nombre del matutino, éste sólo representa los intereses de una parte de ella, tanto como *Crónica*, *Página 12*, *La Prensa*, *Ámbito Financiero* o *Clarín*.

La vida política en la puja eleccionaria instala los textos de los discursos sobre las tablas de los palcos de campaña; de allí saltará a la pantalla de televisión, a la radio, a las páginas impresas.

Tenemos por lo tanto dos puestas en escena: una de escenario teatral, para el público presente militantemente en el acto; y otras mediáticas, para el ausente: en los dos dispositivos de la televisión y la radio, el directo (en vivo) o grabado (diferido); en la gráfica, la puesta en página. El doble juego es inevitable. Se sabe, hoy, que se debe analizar la representación de público que hacen para la audiencia los presentes en los actos de campaña actuales que se transmiten por televisión (estos actos son plenamente para la TV, no constituyen una retransmisión de algo que se hubiera hecho más allá de los medios). Ese público presente tiene un rol: interpretar al *público-de-acto-político*. Tal vez la excepción fue el acto de Cristina Fernández de Kirchner en el Teatro Argentino de La Plata donde la mayoría de los asistentes eran funcionarios y políticos que, en vez de representar el poder provincial en el palco detrás de la oradora, escuchaban disciplinadamente el discurso de la candidata a senadora de la provincia. No había allí simulación de "gente común".

La enunciación primera de la palabra política en el acto es subsumida por la enunciación segunda del medio, empero la enunciación del medio es primera para el ausente al acto pero asistente-espectador-mediático. La aceptación del resultado final, la aparición en los medios, implica lo que llamamos el acuerdo entre el medio y el lector, la efectivización de lo que Verón (1984, 1985c) llamó *el contrato de lectura*.

Las partes a considerar del medio son su acción política y estilo mediático; las políticas siempre las tomamos en cuenta, no siempre las mediáticas. El lector que comparte el contrato de lectura aceptará muchas de las operaciones que inscriba el medio sobre la comunicación política.

Enumeramos algunas:

Interpretación de conductas desde lo psicológico para analizar lo político: la rispidez de Kirchner.

Criticar el estilo del orador: La publicidad de López Murphy fue de mal gusto.

Contrastar notas: Mientras un candidato desgrana su actividad política al cronista, poner en la página adyacente la actividad internacional de otro candidato.

Presentar los sucesos como extraños, distantes: "Unos pocos presentes perdidos en sus choripanes hacían caso omiso de la voz que surgía de un palco repleto".

Crítica de los textos políticos: Nada de lo que decía X tenía sentido, sus recetas pertenecían a otro momento ya pisoteado por el tiempo.

Cambio de sección: hacer aparecer un acto político en policiales.

Estas operaciones sobre la superficie de los textos mediáticos son muy interesantes. Por ellas leemos el diario con el que tenemos el contrato de lectura en marcha. No deben cesar. Lo que sí debe terminar es la creencia de imparcialidad, de transparencia. Pedirle a los medios que cesen en su entusiasmo operativo sería como pedirles que no existan.

La situación del lector ante el medio está armada con sus condiciones de reconocimiento, es decir su bagaje social, su saber y el conocimiento del medio que pueda descontar en su lectura lo que llamamos su ideología de base, no política.

El candidato intentará el uso tradicional de la retórica: persuadir de su sinceridad acerca de su interés por su país y el de él mismo: su ambición. (Siempre hay que mostrar una ambición en quien quiere llevar una política adelante; es un rasgo humano).

Las empresas, los actores, los medios representan. Nada representa tan bien como una mesa bien presentada o una casa como escenario de los que allí viven.

El gesto teatral, cinematográfico, televisivo de la política –sobre todo en la trama de las campañas de elecciones– es una representación no ficcional, como las arengas militares, las clases de un docente o la presentación del trabajo de un investigador científico. Representar no es fingir. Es, en cambio, dar sentido para construir el concepto que se quiere transmitir a quien nos percibe.

Cuesta mucho en política y en las artes representativas perder las tradiciones ante los cambios que se producen en la sociedad. Uno de esos cambios es el concepto de público tras el advenimiento de la televisión. La televisión es pública pero se ve en privado. Algunos subterfugios de la televisión para escapar de esa sensación de frialdad que produce el espectáculo sin público comenzaron en los años sesenta: el principal fue el de las risas grabadas. Nadie creyó jamás que había público en los sets, pero era *como si*, y lo aceptamos (Barreiros, 2005:73-90). Como este medio es el que más adeptos tiene, todos los espectáculos están siendo vaciados de espectadores presentes, la política y el cine están perdiendo espectadores. Sostenemos casi con los mismos estadios una población que ama al fútbol, pero si se fuera a las canchas como en los años cincuenta cuando éramos 17 millones, no habría lugar allí para todos los 40 millones que somos hoy.

Algo parecido les pasa a los políticos, organizan un acto y pretenden que haya público –los actos se hacen para el público–, pero no esas mil personas, sino para las cien mil que verán ese acto si esa transmisión tuviera un sólo punto de rating. Pero si logran un espacio en el *prime-time* de un canal de primera línea dos millones de personas verán esos 20 segundos del acto organizado en algún lugar de la provincia de Buenos Aires. Estos veinte segundos no alcanzarán para transmitir una sola consigna, lo que se obtiene es entonces un certificado de existencia, saber que el partido X está en campaña: es una instancia legitimadora mediática que, por supuesto, dan los medios. El público, después de cincuenta años de TV, está menos dispuesto a poner el cuerpo a los espectáculos[2]. Entre los ochenta y los noventa se terminaron los grandes actos públicos políticos programados (no los espontáneos[3]), o al menos se los reserva para muy especiales y escasas ocasiones.

Los políticos necesitan ese público pequeño, no más de tres mil personas –con suerte– en los actos, en primer lugar porque es una forma de legitimación, en segundo porque obran como las risas grabadas de televisión, es decir hacen de público, aportan aquella tradición de las campañas; el verdadero público desde el punto de vista de la cantidad es el que ve, lee y escucha a los medios. El candidato les habla a sus partidarios, a sus contras y a los indecisos, pero al mismo tiempo en parte al público presente, al público mediático, y a los periodistas. Su discurso es generoso con todos.

Ahora, dicen ciertos críticos, el público está poco interesado en lo político, distraído de su inevitable destino democrático; es, como diría un mal crítico de teatro del que asiste a una obra vanguardista, que es un público poco inteligente, que no cuida su destino; creen que no pone interés en la vida política, sólo porque no saben que la vida en esta modernidad posmoderna las reglas espectatoriales y mediáticas han cambiado el escenario irreversiblemente. Olvidan el paso de la comunidad a la sociedad de masas, de allí a la sociedad mediática y luego a la mediatizada.

Lanzamiento de campaña de Cristina Fernández de Kirchner, en el Teatro Argentino, La Plata.

1. Introducción

a) El escenario sobre el que se montó el acto fue el Teatro Argentino lo cual lo transformó en un acto casi oficial. La coreografía con que se movió la candidata implicó pasos de lo que se da en llamar comedia brillante. El histrionismo de la figura y la prolijidad del acto construían una enunciación de actriz, bajo la mirada de Kirchner al que llamaba "Señor Presidente" con una voz que no impostaba demasiado el vínculo matrimonial. Aparecía entre sus condiciones de producción el *Happy birthday Mr. President* de M. Monroe a J. F. K. y las similares menciones de Evita a Perón en su discurso de renunciamiento. Ese lugar de actriz, reivindicado por la recargada, pero enfática, mención de Francis Ford Coppola para la alusión mafiosa a Eduardo Duhalde, cargaba las tintas sobre lo cinematográfico y el tono de cosa culta (saber los directores de un film es "cosa de cultos") y actriz. La

---

[2] Excepto los recitales musicales, el fútbol y las carreras de autos por motivos diferentes que no podemos explicar aquí.

[3] El público (el pueblo, si se permite el vocativo en desuso) no ha renunciado a la política, eso es irrenunciable. Todos los actos de un ciudadano, cualesquiera sea, son políticos, aun la proclamada acusación de desmemoria.

conclusión era obvia: actuar como Evita, no repetir sus frases como *slogans* vacíos. Si hubiera que definirla con un estilo sería el del Romanticismo, la retórica de la pasión. Este acto significa sobre todos los escenarios posibles la ruptura con cierta tradición clásica de la Argentina en materia de actos políticos, no sólo de la tradicional actuación y puesta en escena que siempre envuelve al peronismo y su simbología. Su sentido –el de la puesta en escena– fue un paso hacia nuevos lugares del reconocimiento; y la aceptación de la puesta en escena, la teatralización o, mejor dicho, la televisación, puso en acción hibridaciones de los géneros artísticos y los políticos.

2. Segunda Introducción

En el discurso de Cristina Kirchner hubo tres grandes entidades de las cuales habla: *el País*, el *Gobierno Nacional* (localizado sobre todo en la figura del Presidente) y su propia identidad. Desde el punto de vista lingüístico-enunciativo, estas entidades aparecen bajo una estructura bien definida: su propia identidad encarna la *primera persona* de su discurso (ella es, propiamente, sujeto de su discurso); el gobierno funciona como una *segunda persona* (aparece reiteradamente el Presidente como interlocutor) y *el País* es el objeto de su discurso, es decir, la *tercera persona*. La lógica de la estrategia enunciativa podría caracterizarse como "de desplazamiento identitario".

El País es la referencia principal de su discurso: "Se trata de la Argentina", [antes era un] "país enfermo", [ahora hay un] "proyecto de país que empieza a crecer", un "país serio", "estamos a cinco años del Bicentenario". La elección de esta entidad y su uso, ponen en evidencia algunas estrategias que podrían llamarse "de desplazamiento" en el discurso de la candidata:

b) Por un lado, es lo que le permite articular su candidatura como un hecho de alcance nacional (antes que provincial). Efectivamente, incluye un intento de repercusión en la arena de las políticas exteriores (por ejemplo, hace mención a ciertas decisiones respecto de las negociaciones con acreedores externos).

c) Además, es lo que le posibilita rehuir, en lo discursivo, a la circunscripción de su acción política en el ruedo bonaerense. (Esta rehuida del ámbito bonaerense tiene que ver con la construcción de su propia identidad: en ningún momento se enuncia como bonaerense). Esto se explica porque durante los últimos diez años, si algo ha caracterizado a las fuerzas alineadas con Duhalde, es el forjamiento de una identidad bonaerense. De hecho, referencia al duhaldismo en relación a la gestión de gobierno nacional, no con su período de gobernación provincial: "El anterior gobierno tuvo que adelantar las elecciones por la muerte de piqueteros en el Puente Pueyrredón".

d) Asimismo, implica el desligamiento de una disputa con la candidata Chiche Duhalde por la identidad peronista. Cuestiones como: la reivindicación de una "genuina vocación de poder", su alineación con "la reconstrucción de la confianza en las instituciones", "Este proyecto que hoy estamos defendiendo tiene que ver con el gran organizador social:

el trabajo", "se trata de algo más que un partido político. Se trata de la Nación, de hacer comprender a algunos que los argentinos han decidido cumplir la mayoría de edad"; y la referencia metafórica acerca de una presunta oposición a la gestión presidencial caracterizable como mafiosa ("Cuando [al Gobierno] se le interponen escollos institucionales para que no gestione, eso no es libreto peronista, es un guión y dirección de Francis Ford Coppola, y el resultado no es un manual de conducción política, es la película El Padrino"), desplaza siempre el debate hacia la discusión en términos de estructuras y modos de gobernar y no de identidades partidarias.

e) Esas estrategias de desplazamiento se explican también por cómo establece su relación con el gobierno nacional. Dado que se trata de una candidata oficialista, en su discurso no niega su vinculación con la gestión de Kirchner, pero para evitar hablar desde el gobierno, no enuncia desde la *primera persona* (con un "nosotros: la-fuerza-oficialista / yo: la-candidata-de-Kirchner"). Si bien, en alguna instancia esto sí aparece ("...ya hemos logrado 2.500.000 nuevos puestos de trabajo"), por lo general reserva esa forma para construir un *nosotros: los argentinos*: "Este país va evolucionando. No hay que asustarse del debate de ideas, de la confrontación democrática, es parte de la ley de la política, es parte de la vida. Hoy volvemos a ser un país en serio."; "Es nuestra —este *nuestro* puede equivaler como argentinos— oportunidad histórica". También, rehúye de hacer auto-propaganda sobre el gobierno, enunciando en *tercera persona* (desde un *él: el gobierno de Kirchner*). La modalidad prevaleciente es la construcción de una enunciación en *segunda persona*: le habla *al* gobierno. Para ello, el operador discursivo pasa a ser principalmente la figura presidencial: "señor Presidente", "No se deje intimidar", "Lo van a atacar más duro", "[a usted] siempre lo tratan de caprichoso, como si se tratase de una actitud personal. Yo creo que los que le piden prudencia en verdad tienen cobardía, temor o esconden otros intereses. ...saben que usted representa los intereses de millones de argentinos."

Esto implica otra cuestión con carga valorativa. Si la construcción de un interlocutor (*segunda persona*) es un modo de reconocer al otro como válido, la referenciación discursiva en *tercera persona* es, por defecto, la anulación de ese reconocimiento: en ningún momento construye como interlocutores a las fuerzas opositoras. Bien por el contrario, reserva para las mismas el carácter de objeto discursivo. Por lo tanto, desplaza su palabra del debate frontal: desconocer al rival como interlocutor es, desde el punto de vista enunciativo, desconocerlo directamente como rival. En todo caso, la referencia aparece en términos de "escollo", como quien "pone piedras en el camino", lo cual prosigue por un lado con lógica del camino histórico, a la vez que evita la rivalidad partidaria y lo postula como una suerte de enemigo nacional.

Finalmente, la estrategia de desplazamiento recae sobre la construcción de su propia identidad. Por un lado, reaparecen aquí las rehuidas a las identificaciones con el peronismo y con lo bonaerense, mencionadas ya en los otros niveles: "Yo no quiero ser fanática peronista, quiero ser fanática argentina ¡¡¡Fanática argentina!!!".

Además, emerge explícitamente una declaración de autonomía personal: "Yo no soy Cristina Kirchner, soy Cristina Fernández de Kirchner, o en todo caso Cristina."

Pero, enunciativamente, los puntos más fuertes son dos:

a) Siguiendo con una identidad no partidaria sino programática de proyecto y de gestión gubernamental (agregado al manejo referencial del rival), se pronuncia por lo que no es: "No soy de las que dicen que sufren por el poder. El día que decida irme a mi casa no vuelvo más, no soy de las que anuncian retiros una y otra vez para después poner piedras en el camino".

b) La referencia del proceso del cual su candidatura forma parte, metaforizada en términos de una madurez generacional: "se trata de algo más que un partido político. Se trata de la Nación, de hacer comprender a algunos que los argentinos han decidido cumplir la mayoría de edad"; un "proyecto de país que empieza a crecer"; [con decisiones] "autónomas"; "Este país va evolucionando…". Esta metáfora articula el carácter histórico y nacional del proceso en el que se inscribe discursivamente, con la "naturalización" de la ruptura que toda entidad produce en su maduración: así como prescinde casi absolutamente de inscribirse como justicialista bajo los símbolos del peronismo, enuncia su impronta no como parte de una tradición sino exactamente a la inversa: como el proceso "natural" de emancipación. (De hecho, el discurso de Alberto Balestrini, que le antecedió, formuló una metáfora semejante, aunque mucho más rústica discursivamente, comparando al peronismo con un árbol: "Hay que podarlo de vez en cuando para que crezca con más fuerza, para librar al PJ de todos aquellos que tanto daño le hicieron al movimiento nacional"). Esta cuestión de la emancipación y la independencia penetra la propuesta programática: en la tematización de las políticas asistenciales, formula una crítica a las "políticas sociales que no organizaban", que hacían al beneficiario de la ayuda "dependiente del partido de turno".

3. Resumen final

Hay una cuarta dimensión importante que atraviesa toda la referenciación de su objeto (el *País*): la modalidad de esta referenciación es fundamentalmente descriptiva de un estado de situación, en relación con un pasado histórico (en algunos pasajes de su discurso) o con un pasado reciente (en otros). El hecho de construir al *País* como objeto de su discurso a través de la descripción histórica le permite: alinear su candidatura como continuidad de un proceso histórico; desvincularla de (o, al menos, minimizar la superficie de contacto con) el ruedo y a la vez territorio provincial; aplazar la cuestión de su identidad como bonaerense; fortalecer la prescindencia de la identificación como justicialista o como peronista de la fuerza de la que es parte; construir una figura de oposición no postulada en términos de "interna partidaria" sino de lucha entre modos de ver la política y de elaborar proyectos nacionales; desconocer a su rival electoral como fuerza confrontada.

Lanzamiento de campaña de Chiche Duhalde en el Polideportivo de Gimnasia y Esgrima, La Plata.

Una vez más, la puesta en escena del peronismo, del PJ precisamente por parte de Chiche Duhalde (tal su *nome de guerre*) en la campaña, es la del neo clasicismo: la repetición de un modelo considerado como el ideal, en este caso político, que niega toda marca de modernidad, aunque las lleva inscriptas, quiéralo o no, en sus gestos discursivos. Ese regusto por la repetición del modelo con las banderas, los bombos, los funcionarios y políticos junto a ella (por detrás) en el palco y la insistencia desmedida en la iconicidad clásica sólo arrastró consigo una suerte de militancia y a los que tienen años suficientes como para haberlos conocido en épocas de esplendor. Un discurso costumbrista que se hizo cada vez más conservador enunciativa y políticamente.

- La candidata Chiche Duhalde, en este discurso, ha buscado solidificar su propia identidad en base a:

a) La ausencia de referencias a su marido y, a cambio, su inserción en una fuerza política que la contiene (obsérvese el cambio de aquel enunciado: "Soy portadora de apellido" –referencia metonímica (por contigüidad). Como así también la ruptura del vínculo de "esposa de" en lo político.

b) Su apropiación plena de una identificación con el peronismo, no sólo desde el enunciado (lo dicho en el acto), sino desde la enunciación (la manera de construirse como figura): hablando desde el "Movimiento Nacional Justicialista", agradeciendo a gremios como la UOCRA, a los peronistas históricos, "los primeros, aquellos de 1945", y a los más jóvenes; trazando una división respecto de un "Neo-peronismo", y reproduciendo frases del General Perón. Estos gestos, más allá del contenido, son enunciativamente (el modo en que se construye) algo característico del discurso peronista post-Perón. Esta identidad se ha visto reforzada, igualmente, desde la conformación de la arquitectura escénica: los símbolos, las banderas, rememoran la línea estética que ha identificado a los actos justicialistas.

c) La disposición y el sostenimiento de una identidad bonaerense, como una cualidad casi excluyente de ésta candidata y de esta fuerza política. Esta identidad estructura el destinatario positivo: el peronismo bonaerense identificado con la línea *duhaldista*.

A su vez, tiende a captar a un sector de los indecisos, aquellos peronistas que aún no se han alineado ni con el duhaldismo ni con el kirchnerismo.

Aparecen entonces dos puntos salientes: 1) ¿quiénes son los opositores (*contra-destinatarios*; Verón, 1987b) del discurso de la candidata?; y 2) ¿cómo se autodefine la candidata en busca de los indecisos (*para-destinatarios*; Verón, 1987b) no peronistas?

El lugar de los *contra-destinatarios* está bien definido desde el contenido del discurso: hay rival y es la candidata Cristina de Kirchner como parte saliente de la fuerza oficialista. Esto tiene un lugar claro en la construcción del discurso de la candidata: es la única fuerza alternativa al oficialismo, desconociendo –por ausencia en su discurso– todo otro rival o contendiente. Esta construcción de la exclusividad fortalece la posición de la candidata, algo que es además correspondido frecuentemente por la presencia en términos confrontativos en el discurso de la candidata Cristina de Kirchner.

Sin embargo se produce una tensión entre el enunciado y la enunciación. La candidata presenta como principales debilidades o errores del oficialismo dos cuestiones:

a) La política de agresividad en campaña: "Han lanzado una campaña sucia, y será más sucia todavía", cuyo corolario es la denuncia de un pacto de desestabilización entre Duhalde y Menem; b) la falta de gobierno: "El presidente se pasa todo el día en un palco… ¿Quién gobierna? De arriba de un palco no se soluciona el problema de los precios…".

Para la cuestión de la agresividad en la campaña, la candidata por un lado se propone como jurado de la situación, sentenciando lo negativo de tal agresividad; pero al mismo tiempo, se introduce en la disputa. Esta cuestión, presente en la enunciación, debilita lo declarado en el enunciado: dice estar en contra de una campaña agresiva, pero agrede y responde a las agresiones. De todos modos, ocupa el lugar más conveniente: en lugar de simetrizar la situación (*agresor* versus *agresor*), la vuelve complementaria (*agresor* versus *agredido*), ocupando el lugar de la víctima (esto pudo ser tomado por CFK como argumento) y extendiendo su alcance al peronismo y a los argentinos. Entre la atribución a su rival de ser responsable de una campaña agresiva y su auto-posicionamiento como víctima (dos puntos fuertes) hay un pasaje intermedio que debilita su posición, por tensión entre el enunciado y la enunciación.

En esto hay un fortalecimiento en dirección de los *pro-* y los *contra-destinatarios*; pero quizás no interese o sea refractario a los indecisos no peronistas, que se han ido consolidando como una fuerza ajena a la interna, y por lo cual –aunque en pocas dosis– la candidata intentó hacer que esta confrontación trascienda el ruedo partidario y que se torne una cuestión nacional. En esto, es destacable la mención del "plan de desestabilización" y el aprovechamiento para pronunciarse como enfrentada con Menem y su sector político: "No hicimos alianza con Menem; con Menem no voy ni a la esquina", "es ridículo vincularnos con Menem, nuestro adversario", "nos opusimos al plan de Cavallo", siendo –a esta altura– los mismos personajes que trascienden la interna peronista. Son símbolos de fuerzas nacionales.

Para la cuestión de la falta de gobierno, también se tematizan tópicos de orden nacional, como la suba de precios y las manifestaciones de los piqueteros, y ubica al Presidente en un lugar de equivocación y de una ausencia de acudir a sus responsabilidades en pos de estar en campaña. En esto hay un posicionamiento más nítido de oposición en base a temas nacionales, construyendo (dirigiéndose a) un *para-destinatario* crítico para con el gobierno nacional.

Para la posibilidad de adhesión de votantes no peronistas indecisos hay dos elementos nítidos:

- Aparece un componente doblemente religioso: tanto desde la enunciación como desde el enunciado se hace un llamamiento a los peronistas a que "salgan a misionar, salgan a predicar, predicar nuestra verdad, la verdad conceptual de Perón y Evita", conformando la identidad de un movimiento con vocación expansiva, a partir de un deber. El orden religioso de esa expansión no aparece en base a una necesidad o a un deseo, sino de un deber; no se justifica ni se dan explicaciones del orden de la política, la economía, la historia, el proceso electoral, etc. para sostener ese pedido: es una misión, predestinada, establecida en una línea temporal. Dice al inicio de su discurso: "los que fuimos y somos peronistas venimos a predicar un movimiento humanista y cristiano".

Ligado a lo anterior, hay posicionamientos bien claros respecto a problemáticas "neutrales": la reivindicación de la Iglesia y las Fuerzas Armadas ("más allá de algunos de sus integrantes que incurrieron en la violación de derechos humanos") frente a la "agresión" por parte del gobierno, el rechazo de plano al colectivo "piqueteros" y su caracterización como una forma de la violencia ("pobre de nosotros si lo nuevo son los dirigentes piqueteros, si lo nuevo es la violencia, la agresión, la capucha, los palos"), y la recuperación económica atribuida y encarnada por Roberto Lavagna. En estas definiciones hay una tematización de tres problemáticas extra-partidarias, que pueden interesar a los *para-destinatarios* que no quedan comprendidos en la interna entre las dos listas justicialistas.

Capítulo 2

El juego de la mirada.
Estrategias de Cristina y contraestrategias mediáticas en 2008.

Gastón Cingolani (2009, 2012)

Olvidar que mirar a los ojos de millones de personas es a la vez interesante y complicado, es igualmente peligroso para un presidente de la República y para un investigador del discurso político.
Eliseo Verón (1987, 26)

Introducción: tres historias político-mediáticas.

El presente escrito comienza con el entrecruzamiento de tres historias:

- la historia de los desarrollos de las modalidades (técnicas y discursivas) del medio que conocemos como la televisión. Esta historia es, desde el punto de vista de la oferta, más o menos parecida en diferentes países de la Europa occidental, y en menor medida, en Estados Unidos. Respecto de la historia de esas modalidades, sin dudas, la de Argentina se parece más a la europea: ha comenzado como un sistema con fuerte presencia estatal y oferta reducida, y en una segunda etapa, en la última década del siglo pasado, la oferta se multiplicó (vía la distribución por cable o por parabólica) y el Estado retrajo su presencia; desde el punto de vista de las modalidades enunciativas, se reconocen tres épocas (correspondientes a tres tipos de contratos enunciativos[1]) que repasaremos enseguida;

---

[1] Los contratos enunciativos refieren a un modo general de plantear una relación entre un medio o producto mediático (un diario, una emisora radial, un noticiero, un programa de entretenimientos, una campaña publicitaria, una emisora de televisión, etc.) con su potencial consumidor (audiencia, lectorado, etc.). Esa relación considera los temas, pero sobre todo se caracteriza por los modos, las *maneras*, que pueden ser más serias o más humorísticas, más informales o más solemnes, más segmentadas o más indiferenciadas, más paternalistas o más compinches, etc. Las variaciones se conocen siempre a partir de un análisis semiótico que ofrecerá resultados relativos al conjunto analizado. Esta conceptualización que no restringe lo enunciativo a la materia lingüística, ha sido desarrollada principalmente por Verón (1984, 1985a, 1991, El primero y el tercero están editados en castellano en Verón, 2004; cf. específicamente pp. 173 y 222-223).

- otra historia es la de la evolución en Argentina de los discursos presidenciales oficiales televisados, donde un dispositivo que conjuga al mismo tiempo lo técnico y lo legal juega un rol muy importante, para diferentes aspectos: la Cadena Nacional;
- y una tercera historia es la del funcionamiento de los canales de noticias (producto de la expansión de la oferta televisiva de la primera historia), historia que se puede trazar en términos de las estrategias de organización de la información y de la configuración de los colectivos de identificación, operación fundamental de las sociedades mediatizadas, cuyas mutaciones en parte van de la mano de los cambios generales en los contratos enunciativos.

Estas tres historias confluyen aquí en un episodio (si se quiere anecdótico para los planteos con aspiraciones a la generalidad) que es el de una acotada pero notable serie de discursos de la entonces presidenta de Argentina, Cristina Fernández de Kirchner, emitidos por televisión, durante el lapso de la semana entre el 25 de marzo y el 1° de abril de 2008.[2] Ciertos aspectos de la estrategia discursiva-televisiva de Cristina nos servirán como motor de análisis para revisar cómo la evolución de los discursos presidenciales debe en la actualidad asignar un lugar al encastre de dos estrategias diferentes: la estrategia presidencial y la de otros actores políticos: las empresas mediáticas y sus productos, en este caso, emisoras de televisión.

Comencemos por la primera historia: en términos muy generales, la televisión organizó su contrato enunciativo en tres grandes modos:

- un modo más "transparente", que por ser la predominante en los comienzos, Eco (1994) la llamó *paleo-televisión*, que tenía la vocación de ser una "ventana al mundo", bajo un fuerte control estatal (excepto en Estados Unidos), una escasez de la oferta (Ellis 2000), es decir, con muy pocos canales o hasta un único canal, según la región, y con una interpelación implícita al ciudadano en general y a la familia, sin una gran segmentación de sus públicos (Wolton, 1990, la llamó *televisión generalista*, para el *gran público*). Esa televisión fue la de los inicios del medio, cuya gran innovación con respecto al cine, fue la de introducir la mirada a cámara (a excepción de la ficción): la televisión junto con la radio consagraron su "contrato fundacional" en el contacto inter-corporal mediante el eje de la mirada; es

---

[2] Se trata de tres discursos: el del 25 de marzo de 2008 pronunciado en el Salón Sur de la Casa de Gobierno, y transmitido por los diferentes canales de noticias, el del 27 de marzo en un acto convocado por la Federación Argentina de Municipios, en Parque Norte (Buenos Aires), transmitido en directo no sólo por los canales de noticias sino también por los llamados "canales de aire" porteños pese a no haber sido enmarcado en Cadena Nacional, y el del 31 de marzo en el Salón Blanco de la Casa de Gobierno, donde primero habló el Ministro de Economía M. Loustau y luego la Presidenta, transmitido también por canales de noticias y canales de aire. Estos discursos *no* completan toda la secuencia de discursos que en esos días el gobierno nacional produjo en relación con un grupo de medidas tributarias que tuvo una reacción adversa por parte del sector de producción agropecuaria: el 1° de abril la Presidenta dio un cuarto discurso en la misma semana, en un acto en Plaza de Mayo.

decir, en la televisión el cuerpo del presentador, del periodista, del gobernante, miran a los ojos a los espectadores (Verón 2009);

- un modo más "opaco", que Eco en los años '80 bautizó *neo-televisión* por su aparición reciente en ese entonces, caracterizada por una suerte de renovación de los estilos y modos enunciativos, a partir de la que la televisión se mostró *a sí misma* como institución: parió su propio *star-system*, y dejó de ser un commodity para que cada emisora y hasta cada personaje, adquirieran una impronta identitaria, personal, una estilización diferencial; esto fue acompañado por un crecimiento en la oferta (Ellis 2000) que comenzó a segmentarse por edad, estilo cultural, temáticas de interés (a punto tal que Wolton dirá, casi en tono de denuncia, que es una televisión *à la carte*) tendiendo a acompañar a la segmentación de los tipos de públicos según nivel socioeconómico, capital cultural, etc., pero sin perder jamás el vínculo primordial del contacto (Verón 1992);

- si el primer modo, de tan generalista, hacía coincidir al televidente con el *ciudadano*, y el segundo interpelaba por segmentos o *tipos* socioculturales, de género, de edad, etc., el tercer modo está marcado por un giro hacia el televidente *individual*, externo a la institución y su *star-system*; Verón vio en el crecimiento de los reality-shows y talk-shows, protagonizados por personas que no eran del medio sino "personas comunes" (Verón 2001, Cingolani 2006), el síntoma que preanunciaba el fin de la pantalla central hogareña, absolutamente complementaria a la televisión-institución (Verón, 2009).[3]

Pese a que tiende a verse a estas tres modalidades como fases sucesivas, en verdad siempre existieron todas, y ese ordenamiento habla de predominios de una modalidad sobre las otras. Hasta ahora, los gobiernos y los presidentes cambiaron con mayor frecuencia que las estéticas de los medios, y en esta primera etapa de la presidencia de Cristina, en la televisión argentina conviven elementos de distintas fases de la historia de la televisión: en la primera década del siglo XXI, el contrato enunciativo es un híbrido que acumula los tres grandes modos descritos. Entre las supervivencias más salientes del contrato 'gran público' de la 'paleotelevisión', está la de los gobernantes dirigiéndose a la población por el medio de mayor masividad.

Entonces, la estrategia televisiva de Cristina como Presidenta que habla por televisión, no puede estar ajena a la consideración de los estilos o modos enunciativos de la televisión en la que se inserta. Más aún, si ella busca tener su propio tono mediático, un tono que sea consistente con lo que expresa en palabras y que se manifiesta como parte fuerte de su vínculo con la sociedad, *su propia estrategia enunciativa será la sustancia de ese tono, más allá del contenido tematizado*. Ese tono se despliega "360 grados", es decir, en cada una de las diferentes instancias en que su quehacer político se vuelve público. No obstante, la estrategia

---

[3] Esa pantalla doméstica y compartida por el grupo familiar se multiplica hasta volverse muchas pantallas, todas personales, con producciones mezcladas entre lo profesional y lo amateur, donde la diferencia entre una emisora, un productor de contenidos y un *youtuber* sea cada vez menos significativa (Scolari, 2009, Carlón, 2013).

se debe amoldar siempre a las condiciones del dispositivo, en este caso, tal como se evolucionó como medio *televisivo*. Si "la mirada clavada en los ojos del televidente es la dimensión fundante de la televisión 'gran público' que conocemos y consumimos hasta el momento" (Verón, 2009: 232) esquivar esa mirada es una apuesta como mínimo significativa.

El fundamento televisivo de la estrategia presidencial.

El asunto a tratar es tan "televisivo" como "político", si es que estos términos aún designan algo. Y la cuestión en Argentina no podría haber sido de otra manera desde que rige y se utiliza lo que se conoce como Cadena Nacional de Radiodifusión.[4] A través de ella, puede disponerse de la emisión conjunta de todos los medios integrantes de la Cadena (emisoras de televisión, y de radio en amplitud modulada), algo que fue utilizado por Presidentes y Ministros para el anuncio y la comunicación de diferentes asuntos (medidas y planes, informes de gobierno, renuncias, etc.), así como se han transmitido ciertos tipos de actos oficiales (inauguración de sesiones parlamentarias anuales, asunciones de presidentes y otros funcionarios, desfiles festivos, etc.). Por supuesto, nada dicen estas normas del *modo de ser* de esos mensajes; o, como podemos expresar en términos discursivos, de las estrategias enunciativas de esos mensajes. Esto no es menor: digamos que, *en tanto buena parte de la dimensión política se resuelve en términos mediáticos, la estrategia enunciativa de un actor político en los medios es parte de la estrategia política misma.*

En los casos específicos en que el Presidente de turno se dirige a la población a través de la Cadena Nacional, la utilización misma de este recurso participa de su enunciación, en tanto enmarca el mensaje en una disociación con la actividad y el flujo corriente de las emisiones de esos medios.[5] Se trata de un evento que no participa de la programación prevista

---

[4] La Cadena Nacional existe desde poco antes del comienzo mismo de la televisión en Argentina, legalmente instituida para la radiodifusión. "En mayo del año 1946 se sancionó el decreto N° 13.474 de aprobación del *'Manual de Instrucciones para las Estaciones de Radiodifusión'* de 307 artículos y en el cual se fijaron, entre otras cuestiones, el deber de las emisoras privadas de repetir en cadena nacional el boletín oficial, como asimismo, el deber de respetar un conjunto de reglas orales y musicales de las Estaciones" (Recalde, 2008). Esto se prorrogó en las sucesivas legislaciones. Más allá de lo legal, la televisión se inició con una única emisora estatal (canal 7) en 1951, y recién en 1960, con el inicio de otras emisoras en Buenos Aires, se justificó la implementación de la cadena también para la TV. Al momento de los hechos analizados (y también de escritura de estas líneas, en 2009), rige aún la Ley 22.285, llamada "Ley de Radiodifusión", promulgada durante la dictadura cívico-militar en 1980. De acuerdo con su art. 72, y su agregado por DR 1171/91 art. 12, la Cadena Nacional afecta sólo a los llamados "canales de aire" en la televisión, y ningún otro canal fuera de esta cadena está obligado ni impedido de re-transmitir el mensaje presidencial.
[5] En alguna medida, la Cadena Nacional nos recuerda lo que Dayan y Katz han estudiado ampliamente como *acontecimientos mediáticos (media events)*, y que introducen, en dos etapas ("descontextualización" y "recontextualización"), la interrupción del flujo mediático, el carácter excepcional y de interés público de eventos, en general con "respaldo del Estado". (Dayan y Katz, [1992] 1995, 14, y 87-88).

y habitual, y su investidura de carácter oficial, exime de toda *modalización* a los canales que lo retransmiten. Las reglas de este funcionamiento son conocidas por todos los espectadores; y en el caso de que algún desprevenido la desconociera, un ejercicio muy simple de *zapping* lo pondría de frente al fenómeno: todas las emisoras de televisión llamadas "canales de aire" (nombre que recuerda la era anterior, de la televisión "generalista", recibida por antena VHF[6]) y las radios AM transmiten en simultáneo el discurso, con el detalle de que ningún canal puede agregar en la pantalla o en el sonido, datos ajenos a la transmisión oficial (ni siquiera, por ejemplo, el logotipo identificatorio del canal). En la medida en que estas condiciones operan (y cada vez más) como un signo de excepcionalidad,[7] la evidencia de la modalidad enunciativa atribuible a la propia estrategia presidencial es cada vez mayor. Esto se acentúa más aún si consideramos que a los canales que obligatoriamente transmiten el discurso en Cadena, se suman todos los canales de noticias,[8] cuyas diferencias en la transmisión se aprecian a simple vista: éstos "intervienen" en la estrategia originaria con subtítulos, ediciones en vivo y otros agregados. Describamos, pues, primeramente, en qué consiste la modalidad enunciativa que se genera en el discurso presidencial.

En las primeras décadas de su desarrollo, el medio televisivo se caracterizó por un contrato de lectura[9] en el que la relación medios-Estado (sobre todo, medios radiales y televisivos, en el caso de Argentina) se estrechaban hasta confundirse: los canales de televisión eran controlados por los gobiernos de turno, incluso estando en manos privadas (Becerra 2010), por lo que era difícil que no se identificara la institución emisora con el propio aparato Estatal, y éste con la voz oficial del gobierno. Esto incluye una arista que Verón (2001, 2009) ha conceptualizado como característica de esa fase histórica (correspondiente aproximadamente a la paleo-televisión de Eco) que es lo que él menciona como la superposición o tendencia a la identificación, en recepción, entre el interpretante televidente y el interpretante ciudadano (Verón 2009: 238).

---

[6] Actualmente (2009) en Buenos Aires, obedecen al rótulo de "canales de aire", las señales Canal 7 (única en manos del Estado), Canal 9, Telefé, Canal 13 y América.

[7] Este carácter excepcional se dio en el paso de una televisión de oferta escasa a una época de la oferta multiplicada de canales de televisión, ligada a la incorporación sistemática de la distribución por cable y por antena satelital. (En esos términos cuantitativos, Ellis (2000) conceptualiza las etapas de evolución de la televisión, como una primera *era de la escasez* ["scarcity"], por oposición a una segunda era *de la disponibilidad* ["availability"] y la tercera y última *de la abundancia* ["plenty"]). En ocasión de un discurso por Cadena Nacional, puede verse en canales adyacentes que se emite el mismo evento y hasta la misma transmisión pero re-trabajada por una contra-estrategia atribuible al canal emisor, lo que genera en recepción una situación diferente a la de las primeras épocas de los discursos presidenciales televisados.

[8] Sólo en Buenos Aires son cinco: Canal 26, Crónica TV, América 24, Todo Noticias, C5N, más la edición en español de la estadounidense CNN.

[9] En términos de Verón, un contrato de lectura es un "dispositivo de enunciación" que, propuesto por un medio (gráfico, radial, televisivo) busca consolidar a lo largo del tiempo un vínculo de confianza entre lector (o espectador) y el medio. Cf. Verón 1984, 1985a, 1991 (1984 y 1991 están editados en castellano en 2004; cf. pp. 173 y 222-223).

Esto genera un interés para el caso que tomaremos como referencia. No hace falta remontarse a discursos presidenciales en Cadena Nacional muy lejanos en el tiempo: si revisamos los de los anteriores tres presidentes argentinos (De La Rúa, Duhalde, Kirchner) encontramos una estrategia común y casi definitoria del género. Se trata de la figura del Presidente, en un primer plano, cuyo cuerpo centrado se sitúa a su vez en un espacio institucional, casi un puro soporte de su cuerpo protocolar y, simultáneamente, prolongación metonímica y simbólica de su investidura: es la figuración acotada de su despacho o alguno de los salones de la Casa de Gobierno o la Residencia Presidencial. Esa espacialidad lo contiene sólo a él, y a los símbolos patrios. El Presidente habla mirando fijamente a cámara, la institución presidencial mira a los ojos a los ciudadanos.[10]

Podría decirse que aquí no habría *intervención discursiva* de las instituciones emisoras. Visto desde un punto de vista televisivo, corresponde propiamente a la conjunción más plena entre televisión/Presidente y televidentes/ciudadanos. No hay *medio* en términos de *intermediación*: hay una completa correspondencia entre estrategia presidencial y estrategia televisiva. Ese "aplanamiento", ese estrechamiento del contacto directo, cuyo eje primordial es la mirada a cámara, interpela al televidente como ciudadano, sin distinción, promoviendo entonces ese otro aplanamiento.

Podemos llamarla *la estrategia presidencial*, sea cual fuere la impronta particular de cada Presidente.

Si la figura presidencial de un estado democrático conjuga tres espacios representacionales no coincidentes (representación de toda la ciudadanía, cuyo colectivo englobante es la Nación; representación partidaria, cuyo colectivo es el partido o movimiento; representación de cualidades individuales, que le dan la condición de líder ético, político, etc., así como la transmisión de condiciones tales como fortaleza, seguridad, carisma, severidad, honestidad, etc.), la interpelación de la *estrategia presidencial* comienza por invocar como base, como fundamento primordial, la mediatización del contacto con un colectivo único y unificador. Esto no le impide, de ninguna manera, que en su discurso verbal, proliferen colectivos parciales (representativos de intereses partidarios, sectoriales, etc.), pero siempre subsumidos a la situación de que es el Presidente *de todos* que le está hablando *a todos*. Esto se activa sobre la base de una operación *indicial* (en términos de Peirce). El ciudadano puede estar o no de acuerdo con el Presidente, puede confiar o no en sus cualidades como líder, pero no puede dejar de sentirse interpelado: el Presidente le habla a él, y esto no está en juego.

En este encuadre, casi inalterable en sus términos más generales a lo largo de décadas en Argentina, las variaciones tácticas han trabajado principalmente sobre la enunciación lingüística, y últimamente, también en algunos aspectos de la estética que modaliza las cua-

---

[10] En sus escasísimos mensajes, Kirchner, sin embargo casi no mira a cámara, salvo por momentos, porque posa su vista en la hoja que contiene su discurso escrito.

lidades en la imagen personal de los presidentes. En el caso de Fernando De la Rúa (en su discurso del 9 junio de 2000), se puede ver su cuerpo situado en el despacho presidencial, instalado desde una penumbra remarcada por una luz focalizada sobre un lateral de su rostro, que rememora el barroco pictórico; en sus párrafos finales, una suerte de música incidental aparece en *fade in* hasta cerrar en un *finale* de cuerdas, que refuerza el dramatismo de sus palabras. Como contraste, Eduardo Duhalde, en su discurso del 8 de febrero de 2002, ha empleado como fondo una ventana al exterior, en la que se ven los jardines de la Residencia Presidencial de Olivos, con una atmósfera completamente diferente al de su antecesor, matutina, inundada por la frescura de una luz diáfana, y despojada de toda rimbombancia. En ambos, la única cámara que capta al Presidente a lo largo de su discurso va produciendo un acompasado acercamiento casi imperceptible, hasta finalizar con un primer-primerísimo plano del rostro, en un ensayo de estrechar el contacto a través de la mirada.

La estrategia presidencial: una puesta en escena.

Situémonos en el caso de la Presidenta Cristina Fernández de Kirchner. El aspecto general de sus discursos en el uso de la Cadena Nacional marca un rotundo cambio respecto de la historia. Su figura se emplaza en espacios amplios, en la que no está sola, la acompaña un grupo, incluso multitudinario. El 25 de marzo de 2008, la Presidenta, desde el Salón Sur de la Casa Rosada, pronuncia su discurso frente a un auditorio que completa la escena sólo como tal: gracias a algunos planos generales que mantienen la frontalidad de la escena, vemos sólo las cabezas de los presentes, que se hacen oír por sus aplausos en ciertos momentos. Sólo algunos funcionarios, sentados también frente a ese auditorio la *acompañan*, pero casi no aparecen en escena salvo de un modo marcadamente *lateral*. Esta escena es verdaderamente novedosa para la historia de los discursos presidenciales por Cadena Nacional.

Sin embargo, en lo venidero, va a continuar introduciendo innovaciones que acentúan el cambio de modelo. En el discurso del 31 de marzo de 2008, desde el Salón Blanco de la Casa de Gobierno, no sólo se organizó la escena con un gran auditorio, sino que esta presencia se construyó de un modo mucho más detallado y complejo. Varias cámaras contribuyen a esa complejidad: tomas de frente a la Presidenta, en diagonal y de frente al auditorio, más el recorte de algunos primeros planos que individualizan a funcionarios y co-partidarios, representantes empresariales, de organizaciones intermedias, sindicalistas, artistas, etc. La presidenta, por su parte, no habla sola: está rodeada por ministros y secretarios; en los laterales algunos están dispuestos de frente al auditorio, otros de costado a la escena. Y un detalle singular mantiene la presencia de toda esa gente la mayor parte del tiempo en escena, es decir, mientras domina el primer plano frontal de la Presidenta: los espejos de las puertas del salón blanco componen el fondo con los rostros reflejados de frente.

Esta puesta en escena con auditorio realza una condición subrepticia pero fundamental: el *directo* televisivo. Si los mensajes de los anteriores presidentes eran en directo o grabados (a menudo, eran grabados), no importaba demasiado, ya que su "soledad" encapsulaba el carácter de acontecimiento: adquiría sentido social a partir de su emisión efectiva. Por el contrario, los discursos de Cristina con auditorio en presencia hubieran sido recibidos de modo muy distinto si se supieran grabados y no transmitidos en directo.

Por otro lado, esa puesta de agregación de entidades, tiene su corolario más importante, sin embargo, en una supresión: *la de la mirada a cámara*. La primera mandataria, a través de su mirada, *solamente* contacta a quienes están presentes en la misma escena, y *jamás* mira a la cámara. La puesta en escena televisiva se asemeja a una conferencia de prensa o a la transmisión informativa de un acto partidario (por la relación orador-auditorio, aunque éste no interviene ni pregunta, sólo está presente y expresa colectivamente su aprobación).

Hagamos una evaluación de esto. El cambio de estrategia es verdaderamente profundo. Y las hipótesis sobre sus razones no son simples. Quizás tenga que ver con un intento de innovación, de darle frescura al acto, aprovechando las cualidades de una Presidenta que tiene un gran manejo de la oratoria espontánea, por oposición a los anteriores mandatarios cuyos discursos a menudo eran leídos o estrictamente recitados de memoria. Ciertamente, la configuración de esa oratoria con un auditorio en presencia, completa la escena, y la vuelve aún más "natural".[11] Sin embargo, la transición de una estrategia canonizada hacia una innovación comporta riesgo; aquí señalamos dos grandes pérdidas. La principal es la ya mencionada ausencia de la operación específica de mediatización del contacto directo con el televidente a través de la mirada a cámara, adoptando en su lugar, la forma de una escena que se asemeja a la de la ficción: se trata de una situación en la que el vehículo de identificación es la entidad cuasi-viva que está inmersa en la escena. Frente a ello, el espectador sólo puede re-ingresar a la escena por vía de esa identificación compleja que ha descrito Metz (1979) para el cine de ficción, con alguno de los sujetos allí figurados (incluido allí el sujeto colectivo "auditorio", que funciona como prótesis o prolongación del espacio doméstico de expectación). En términos de la teoría de Peirce, y para simplificar la idea, podríamos decir que se permuta un vínculo indicial por uno icónico, un pasaje del contacto a la identificación. Por esta teoría sabemos que el pasaje de una dimensión de la semiosis a cualquier otra, representa la imposibilidad de una "traducción" literal, plena. Y en tal medida, esa traducción o transcodificación implica *pérdida*. ¿De qué perdida se trata? En primer lugar, dijimos ya que el contacto indicial suprimido no puede ser restituido por otra vía, y que el único modo en que el ciudadano-televidente puede re-ingresar a esa escena es la *identificación*, lo que implica por tanto otra relación con esa escena presidencial. Entonces, hay que considerar el asunto de la com-

---

[11] La paradoja de todo discurso que se propone una puesta en escena de la no-puesta en escena: ¿disimularla o hacerla evidente? ¿mantener las costumbres o innovar? Como sea, ya se sabe, en *producción* la anulación de la puesta en escena es un imposible, y en *reconocimiento* no hay éxito ni fracaso garantizado: depende de la *creencia*.

plejidad de esta identificación. La interpelación mediatizada no constituye un colectivo por identificación (semejanza/diferencia) sino por contacto: *yo* soy interpelado *directamente*, y (a diferencia del contacto inter-individual, como podría ser un cara-a-cara o el teléfono) en tanto sé que se trata de un medio de acceso público, soy interpelado como parte de un colectivo que en este caso es *indiferente a la segmentación*. Esta diferenciación o segmentación, que puede generar *identificación* o *contra-identificación*, sólo puede articularse o bien por la palabra,[12] o bien por la figuración iconizante. Esta segunda opción es la que se hace posible en el caso en que se introducen *otras* entidades que pueden activar esta figuración, donde la articulación de la palabra con la figuración, consolida otro tipo de identificación. Esto es lo que puede encontrarse en el caso (probablemente inédito para los discursos presidenciales por Cadena Nacional) de Cristina Fernández de Kirchner: "quiero convocar a todos los argentinos, a aquellos que tal vez no les guste este modelo…". El auditorio para el cual habla está integrado por figuras políticas y de diferentes sectores de la sociedad; el auditorio apoya con su sola presencia o con aplausos y alguna manifestación verbal. Es *a* ellos a quien habla, su auditorio, pero, no es *a* ellos a quien se refiere: habla *de* otros colectivos. Y quienes ocupan la posición de televidentes no son ni interpelados directamente, ni necesariamente identificados por los intermediarios que componen el auditorio.

Hay aquí un cambio fuerte de estatuto del televidente frente a un mensaje de la figura Presidencial por Cadena Nacional. ¿Dónde se inserta? ¿Cómo es convocado? Podría sintetizarse con un paralelismo verbal enunciativo: con la mirada a cámara se construye un "le hablo *a* usted, le hablo *de* otros"; sin mirada a cámara, la interpelación "*a* usted" queda circunscrita en la escena intra-mediática, y al televidente le queda elegir identificarse con ese *usted* o con (los) *otros* colectivos.

Esto se confirma una y otra vez en el discurso verbal. Cristina Fernández de Kirchner, frente a lo que se erige como un conflicto planteado por un sector productivo a partir de un grupo de medidas impositivas del gobierno nacional, hace reiteradas aclaraciones de que ella es Presidenta de "todos los argentinos", y "no de unos pocos", a la vez que caracteriza a los sectores en protesta como "los pequeños productores", "algunos sectores", "lo que está pasando", quienes "se creen los dueños de la Argentina" entre los manifestantes se podía ver a "algunos defensores y defensoras de los genocidas", así como aparecen los propios medios como un colectivo: "escribirse en letra de molde", "algunos medios", etc. La dimensión *simbólica* de su discurso introduce y reafirma la cisura por donde pueden gestarse contra-estrategias.

---

[12] Aparición de lo *simbólico* (en el sentido de Peirce): quien habla mirando a cámara, para generar un colectivo de identificación, debe *denominar* una especificidad. De la Rúa, por citar un ejemplo, mirando a cámara, dijo: "les pido a los jueces que…", "sepan los concesionarios de los servicios públicos que…".

Gastón Cingolani y Mariano Fernández

Las contra-estrategias mediáticas.

Llamaremos aquí "contra-estrategia" a una estrategia que puede atribuirse a la institución mediática y por tanto se diferencia (aún cuando no pueda discernirse en qué aspectos exactamente) de una estrategia de una institución no-mediática (en este caso, desde lo político, la estrategia presidencial), estrategia que precede a lo que luego de ella hará cada emisora televisiva. Por lo tanto, una "contra-estrategia" no necesariamente es una "anti-estrategia", es decir, una estrategia contraria, opuesta: simplemente es otra, no coincidente con la estrategia original, que introduce recursos que son atribuibles a la institución mediática. De ahí que la transmisión que un canal de noticias hace del mensaje presidencial sea el resultado *de la fusión* inevitable (y no claramente delimitable) de dos estrategias: la de la Presidencia y la del canal emisor. Las estrategias son operaciones complejas, que se reconstruyen en el análisis de las emisiones efectivamente producidas.

Los medios masivos siempre han sido *actores* políticos. Según las épocas, esto se marca con diferentes procedimientos, con mayor o menor intensidad, y desde que se ha consolidado la ideología de la prensa y los medios "independientes" como una lógica discursiva, lo único que ha progresado es la suspicacia. Cuando un Presidente decide dirigirse a la población por Cadena Nacional, su estrategia es la de tomar el mejor provecho político posible de su mediatización, montándose sobre los recursos que el medio (televisivo, en este caso) dispone, a partir de una *prescindencia completa de toda contra-estrategia* mediática. En los casos en que el acto *no* es transmitido por esta cadena de emisoras (por ejemplo, cualquiera de los discursos presidenciales de esa semana agitada entre el 25 de marzo y el 1° de abril de 2008), también es cierto que se busca controlar las variaciones posibles de la transmisión, no sólo en cuanto información periodística, sino sobre todo en tanto puesta en escena: por ejemplo, pautando la ubicación de las cámaras, configurando un escenario que remarque al máximo la estrategia controlada y reduzca al mínimo las posibles contra-estrategias que los medios pretendan aplicar.

Pero como en ninguno de los tres discursos que analizamos, se empleó la Cadena Nacional[13], el gobierno quedó durante buena parte del periodo de pugna con el sector agropecuario, a merced de las contra-estrategias de los medios, que tomaron posición (por uno u otro sector) en esa pugna. La contra-estrategia común a todos los canales de noticias comienza por la inserción de textos en pantalla (*videograph*) que van enmarcando, comentando o citando fragmentos de lo dicho por la oradora, a modo de titular periodístico.

Pero durante el discurso del día 25, en los canales Todo Noticias (TN) y Canal 26 se utilizó además –en un comienzo, tímida y tentativamente– un recurso de la pantalla-en-la-

---

[13] La primera vez que la Cristina Fernández de Kirchner dio un discurso por cadena nacional para un anuncio (es decir, fuera de los actos protocolares de gobierno, como su asunción el 10 de diciembre de 2007 o la apertura de sesiones ordinarias del Congreso, el 1° marzo de 2008) fue el 9 de junio de 2008.

pantalla en la que, *mientras* la Presidenta *hablaba* al país, se podía *ver* en simultáneo a manifestantes del sector rural que, apostados en las rutas como parte de una protesta, *escuchaban* el discurso y *gesticulaban* frente a cámara en respuesta a los diferentes dichos de la Presidenta. Esa *visibilidad* de un sector que se asume como perjudicado por las medidas, pone en escena una tensión compleja, porque condensa múltiples niveles:

- figuración de una escena comunicacional "completa" en pantalla: alguien *habla*, alguien *escucha*;
- quien habla (la Presidenta), habla *a* presentes (su auditorio inmediato), y habla *de* ausentes (productores agropecuarios); estos ausentes aparecen re-presentados en pantalla pero en otra escena (no están en Casa de Gobierno sino en las rutas);
- hay un tercero excluido (es decir, ni interpelado ni referido): el televidente;
- ese tercero excluido, eventualmente puede sentirse interpelado o referido, según si asume la representación de la ciudadanía aludida o referida;
- figuración de la escena meta-comunicacional: la puesta en equivalencia comunicacional (hablante-oyente) de dos actores políticos (gobierno, sector rural), relacionados respecto de un asunto (medidas económicas) por *contraposición*: reafirmación versus rechazo a medidas económicas. Esto produce otra transición a nivel *representacional*: la Presidenta, representante de *todos*, se vuelve equivalente (por oposición) a un sector, y por tanto se convierte en representante *parcial*.

Situación inédita. La figura presidencial, dirigiéndose a la totalidad de la población en su carácter de representante institucional de los ciudadanos, es "reducida" a un sector parcial en pugna con otro sector. Este gesto tiene tanto peso que, en los sucesivos discursos (el del 27 de marzo, desde un espacio no institucional y el del 31 de marzo, desde Casa de Gobierno), se volverá *el modo* en que estos discursos habrían de televisarse. En un recorrido por diferentes canales de noticias y otros canales que transmitieron el acto del 27 de marzo desde Parque Norte, pueden verse dos contra-estrategias bien definidas: mientras algunos canales ponen en pantalla a la Presidenta, con el agregado de videographs únicamente,[14] otros canales componen, a través de la pantalla-en-la-pantalla, la contra-estrategia mencionada, donde la pantalla principal con la Presidenta contiene en una segunda pantalla más pequeña, a media altura y a la derecha, la imagen de los ruralistas en las rutas, y títulos que trabajan sobre la activación de la tensión mencionada.[15] No casualmente, ambas con-

---

[14] Algunos títulos: "Paro del campo: habla Cristina" (Crónica TV), "Cristina Fernández de Kirchner. Presidenta de la Nación" (Canal 7), "Cristina Fernández de Kirchner. Presidenta de la Nación. En vivo desde Parque Norte" (Canal Rural), "Directo. Habla Cristina" (América).

[15] Citamos a continuación, el primer título para la pantalla principal, y el segundo para la pantalla más pequeña, y entre paréntesis el canal emisor:
- Canal 13: "Vivo Parque Norte", "Los cortes (+ una cita directa del discurso)"
- Telefé: "Costanera. Paro del campo día 15. Habla la Presidenta", "Gualeguaychú"

tra-estrategias coinciden con el posicionamiento de los canales respecto del Gobierno: la primera es (con excepciones) la de canales que apoyan las medidas del gobierno, la segunda es la de los que se oponen. Agreguemos dos acentuaciones a la segunda contra-estrategia: en la transmisión del discurso del 27 de marzo, TN invierte el orden de importancia de la pantalla-en-la-pantalla: pone en la pantalla más grande a los ruralistas y en la más pequeña a la Presidenta;[16] durante el discurso del 31 de marzo, el canal A24 sobre un fondo neutro divide la pantalla en dos cuadriláteros de *similar* tamaño: en el de la izquierda se ubica un primer plano del dirigente rural De Angelis que escucha los anuncios, y en el de la derecha la Presidenta hablando. Esta partición de la pantalla en dos mitades es una disposición gráfica que organiza una equiponderación, una equivalencia de los (aparentes) interlocutores.

Estrategias y transiciones.

Para hacer un balance posterior al análisis de este episodio singular, deberíamos comenzar por señalar la conformación de dos espacios discursivos correspondientes a dos modelos de estrategia presidencial:

- un espacio discursivo *unificador*[17] y *complementario*[18], consolidado a lo largo de los años y las presidencias (sin dudas, el tiempo ha hecho lo suyo) como un modelo fuerte, canónico, asentado sobre una articulación entre Estado e institución mediática, cuerpo y espacio, palabra y contacto, presidencia y ciudadanía, que a la vez mantiene al Presidente en una espacialidad recortada de la del resto de los ciudadanos, exclusivamente *presidencial*, en una dimensión que es producto de la articulación indisoluble entre el

---

- Canal 9: "Vivo - P. Norte. (+ cita directa) Habla Cristina", "Gualeguaychú".
- Canal 6 de Misiones: "Presidenta Cristina Kirchner. Mensaje por paro en el campo". "Entre Ríos".
- CNN en español: "La protesta del campo (+ una cita indirecta del discurso)", "Gualeguaychú".
Nótese que justamente los mismos canales que incluyen una segunda pantalla, son aquellos que titulan con citas (directas o indirectas) del discurso de la Presidenta.

[16] TN es el caso que más extrema la contra-estrategia: la pantalla principal contiene a los ruralistas con los siguientes títulos: "Habla Cristina. El campo espera. Vivo los cortes siguen el discurso", y la más pequeña a la Presidenta: "Vivo-Pque. Norte".

[17] A la clasificación que Lang y Lang hacen de acontecimientos que tendrían lugar aún sin público, y acontecimientos que sólo tienen lugar *para* un público, Dayan y Katz la cruzan con las categorías de acontecimientos "unificadores" y "polémicos", lo que da cuatro tipos de acontecimientos: "*Ceremonia* (unificador/público como testigo), *Espectáculo* (unificador/público necesario), *Debate esotérico* (polémico/ público como testigo) y *Acción antagonista* (polémico/público necesario)" (Dayan y Katz, *op.cit*, 190-191). Proponemos la diferenciación en base a este par de dúos conceptuales, donde vemos que la puesta en escena pasa de unificador a polémico, y de la *ausencia* de público a la presencia del mismo en carácter de *testigo*, lo que daría como resultado catalogar la estrategia de la Presidenta Cristina Fernández de Kirchner como *debate esotérico*.

[18] La diferenciación entre *simetría* y *complementariedad* como tipos de relaciones e intercambios, la retomamos de Bateson [1972] 1991: 135 y ss.

Estado y el medio televisivo. Este espacio tiene su base en la transmisión por Cadena Nacional y su consumación más plena en los mensajes dirigidos a la ciudadanía.
- un espacio *polémico* y *simetrizado* en el sentido de que no recorta su contigüidad con la realidad y la sociedad: un cuerpo presidencial no pegado a la pantalla, sino más bien re-situado entre otros y frente a otros, en una dimensión que, por lo tanto, no contiene a la figura presidencial en exclusividad,[19] y admite, por lo tanto, alinearse en un eje de semejanzas/diferencias con otro(s).[20]

Este segundo espacio no es, en verdad, novedoso: ya desde una era pre-televisiva, por el cine, tenemos las imágenes de Presidentes en el balcón de la Casa Rosada o en grandes actos públicos y abiertos, así como en inauguraciones, desfiles, entrevistas públicas, etc., en contacto con la "realidad", la "sociedad", el "pueblo", etc. Ahora bien, señalar el caso que hemos elegido nos lleva a encontrar una tensión singular, la del espacio en el que se figura la *contigüidad* con los representados, pero *situados en el ámbito del propio gobierno*, en uso de la televisión para dirigirse a la ciudadanía: es una tensión entre dos espacios discursivos diferentes, que podríamos señalar como mutuamente excluyentes (al menos para la historia discursiva de Argentina).[21]

Si la estrategia de la presidenta Cristina Fernández de Kirchner en los casos mencionados introdujo la figuración de un contacto con la "realidad" y la "sociedad", nos encontramos con que éstas son abstracciones cuya figuración (finalmente imposible) deja resquicios para una contra-figuración. El efecto que puede producirse en una época en que los medios tienen sus propias estrategias es el de construir un discurso del Presidente de todos los argentinos como si fuera un acto partidario, o la contraposición (o "desmentida") de los colectivos invocados, a través de la intercalación de otras figuraciones.[22]

En estos episodios, las contra-estrategias de los canales *disidentes* con el Gobierno pudieron articularse, debido como mínimo a tres factores:

---

[19] Evitamos, a su vez, para esta diferenciación, el empleo de metáforas del tipo de la oposición *sagrado/profano* o similares, ya que no describen operaciones de producción de estrategias sino resultados o efectos de las mismas. Nada es intrínsecamente "sagrado", sino a partir de que logra ser reconocido como tal.

[20] Precisamente este asunto ha sido muy problemático a la hora de aceptar o no una participación en los debates electorales por parte de presidentes en ejercicio, y a la hora de pactar las reglas del debate, dado que mientras acontece el debate, se vuelve simétrica una relación que el cargo mismo de Presidente asigna como complementaria respecto de todos los demás ciudadanos. (Dos casos analizados, el debate entre Giscard y Miterrand en la contienda presidencial francesa de 1981 (Verón 1985b) y el de 'Lula' Da Silva y José Serra (Fausto Neto, Verón y Rubim, 2003).

[21] La espacialidad del balcón de la Casa Rosada frente a las multitudes en Plaza de Mayo construye claramente otro encuadre enunciativo. Recuérdese, por ejemplo, el discurso del Presidente Alfonsín en Semana Santa de 1987.

[22] A cada apelación o denominación que la Presidenta hacía en sus discursos respecto de los productores rurales, algunos canales respondían con una inmediata figuración de individuos del sector rural, lo que inevitablemente pone en juego el eje *semejanza/diferencia* entre lo aludido y lo mostrado, con dos grandes efectos de sentido posibles: la corroboración o la desmentida.

- un factor facilitado por ciertos aspectos de la estrategia presidencial, a saber: la figuración de un auditorio compuesto por representantes sociales, localizado en Casa de Gobierno, la mención de sectores en *tercera persona*, y la modalización que implica sobre su discurso verbal el cambio de la mirada a cámara por la dirección de su contacto e interpelación con el auditorio presente;

- otro, originado en contra-estrategias mediáticas que hacen hincapié en la dimensión de la representación *parcial* (entiéndase "partidaria", "ideológica", "de modelo de país", etc.) de la figura presidencial, por encima de la representación *global* de sus connacionales, lo que es subrayado a través de la selección de fragmentos verbales, y de la figuración de sectores aludidos que, o bien demuestran su descontento frente a medidas anunciadas, o bien tensionan *icónicamente* los imaginarios de los colectivos *nombrados*;

- y un tercer factor, situacionalmente contingente, ajeno a las estrategias como tales, que es la "visibilidad" del colectivo figurado: el sector rural se patentiza en individuos y grupos que han cortado las rutas o se manifiestan en diferentes puntos del país, lo que no es factible para cualquier coyuntura.

Es muy interesante lo sucedido: la serie de discursos producidos en esta semana de marzo, fue transmitida no sólo por los canales de noticias y las radios, sino también por los canales "de aire" (que interrumpieron su programación para hacerlo), generando una virtual pero efectiva "cadena nacional" espontánea: Cristina no utilizó la Cadena Nacional durante la semana que hemos analizado. Luego hizo un uso intensivo de la misma, quizás como un modo de controlar las contra-estrategias de los medios, y no podemos evitar recordar que fue gravemente criticada por ello.

En general, las estrategias se caracterizan más por sus grandes permanencias que por sus pequeñas transiciones (transiciones entre espacios representacionales, entre dimensiones del sentido), pero éstas últimas, por minúsculas que sean, también pueden ser la fuente de los grandes cambios.

CAPÍTULO 3

Tres escenarios para Cristina. Protocolos, ceremonias y movilizaciones durante el conflicto del campo.

Mariano Fernández (2013)

En algún momento del año 2008 Cristina Fernández de Kirchner se convirtió en Cristina. Ya era Presidenta y ya tenía una extensa trayectoria política como legisladora. Pero en algún momento que no coincide con el calendario electoral ni con unciones constitucionales, Cristina se convirtió en Cristina. No lo sabíamos, pero allí, frente a nosotros, en nuestros televisores, probablemente entre el 25 de marzo y el 1 de abril de 2008, se fue desplegando la figura de una líder a la que el aval de las urnas parecía, apenas tres meses después de asumida como Presidenta, no serle suficiente. En la Casa Rosada, en Parque Norte y en la Plaza de Mayo, Cristina puso en escena imágenes de una autoridad política que buscaba sus fundamentos en el más allá del resultado electoral.

En este capítulo vamos a estudiar el espectáculo de la configuración pública de un liderazgo político. Hablamos de configuración pública porque no nos interesa indagar en eventuales cualidades personales extraordinarias –el "carisma"– ni tampoco en el tejido dinámico y cambiante de las alianzas, necesarias y convenientes, que todo jefe presidencial necesita hilvanar para sostenerse. Lo que nos interesa son las escenas –televisadas, por eso públicas– que, en un contexto determinado, instauran formas de liderazgo que, bajo otras condiciones, hubieran sido diferentes. Si se quiere, nos interesa la contingencia como factor de constitución de un liderazgo. Podríamos decirlo así: más allá de las consideraciones particulares sobre la figura de Cristina, su rol como líder político se fue haciendo al calor de una serie de acontecimientos y del modo en que los enfrentó, no sólo a partir de decisiones de política estatal sino por cómo eligió gestionar públicamente las relaciones entre ella y su gobierno con los actores políticos, singulares y colectivos, y en particular, con la ciudadanía.

Cuando se busca analizar la constitución de un liderazgo el pasaje de lo privado a lo público no puede pensarse como un doblez. Se trata de dos instancias sometidas a lógicas específicas. Acordar con organizaciones sociales, o con gremios, o con pequeñas empresas o con cámaras industriales a cambio espacios políticos estatales o subsidios o beneficios impositivos no nos permitirá jamás entender cómo, más tarde, ese mosaico de acuerdos se traduce en la representación pública de las relaciones entre esos actores y quien ejerce un liderazgo político presidencial.

Agreguemos algo más. Una persona que se convierte en líder no es siempre el mismo líder. El liderazgo de Cristina ni fue uno, ni ella fue la misma a lo largo de sus dos períodos de gobierno. Para la ciencia política la propia noción de "liderazgo" está atada a una temporalidad: la del proceso por el cual se constituye un "líder" a partir de las relaciones que va entablando con los diferentes actores políticos: su partido, la ciudadanía, la oposición, los movimientos sociales. Ollier (2014: 116-117) distingue la figura del "líder" (como individuo particular investido de un poder decisional) de la del "liderazgo" en tanto ésta última debe entenderse por la naturaleza de la acción decisional realizada por ese individuo. El *liderazgo*, entonces, resulta de una actividad que supone una relación que se activa para resolver determinado problema o para promover un resultado decisional deseado, que se desarrolla en un contexto y en un tiempo. En una democracia representativa, en situación de pluralismo de partidos, la temporalidad resulta un condicionante para la constitución de liderazgos, ya que éstos están atados, en gran medida, al período electoral y al control de los recursos estatales.

No es extraño sino más bien consecuente que desde el análisis de los discursos políticos también se proponga una idea similar. Como lo han planteado Sigal y Verón (2008) en su estudio del discurso peronista: "un líder político no es jamás un personaje cristalizado, como si se tratara de una imagen estática que, poseedora de un poder 'carismático', concentraría, por razones de 'personalidad', la fascinación y la creencia de las masas. (…) un líder no es otra cosa que un operador (…) por el que pasan los mecanismos de construcción de una serie de relaciones fundamentales: del enunciador con sus destinatarios, del enunciadores con sus adversarios, del enunciador con las entidades imaginarias que componen el espacio propio del discurso político".

Hubo, claro, un acontecimiento que marcó los dos períodos de gobierno de Cristina, y que, en particular, instauró las modalidades bajo las cuales, en el curso de los siguientes ocho años, ella se exhibió como líder en el espacio público. Entre otras razones porque este acontecimiento se convirtió en una disputa por la representación, un desafío a su autoridad política y, por extensión, a los fundamentos de la legitimidad que sostienen las decisiones de quienes han sido electos por el voto popular *contrastada y competida* con la legitimidad restringida de la que están investidos los representantes de "intereses sectoriales". Ese acontecimiento fue el "conflicto del campo"[1].

---

[1] Ningún rótulo parece ofrecer una descripción abarcadora, multidimensional, que le haga justicia a la polivalencia del conflicto. Entre otras razones, porque la definición legítima del tipo de conflicto (lock-out, paro, rebelión) y las identificaciones y autoidentificaciones de los protagonistas ("el campo", la "oligarquía terrateniente", "piquetes de la abundancia", "la rebelión del interior", "el pueblo argentino", "enfrentamiento interburgués") fueron uno de los objetos del enfrentamiento, y sólo la prioridad otorgada por el observador fundamenta la opción por una u otra. Conservaremos aquí, deliberadamente, un rótulo más bien genérico pero efectivo.

Es imposible, y probablemente vano, imaginar qué hubiese sido de la figura de Cristina si ese conflicto no se hubiera producido. Pero puesta allí, enfrentada a un entramado complejo y poderoso de actores sociales que impugnaban ya no sólo una medida específica sino su propia figura y su legitimidad, Cristina exhibió al menos tres formas de liderazgo que necesitaron de tres escenarios propios para desplegarse. No sólo habló como *Presidenta* desde la Casa Rosada y por Cadena Nacional; habló, también, como una *líder partidaria*, en ceremonias partisanas, apoyada por su militancia embanderada; y habló, finalmente, como *una líder popular*, frente a un colectivo movilizado pero sin distinciones partidarias, en la Plaza de Mayo. Tres tipos de liderazgo, tres formas de legitimidad, tres colectivos como destinatarios... tres escenarios (televisados) para Cristina.

El conflicto del campo: de lo bipolar a lo ternario.

Entre el 11 de marzo y el 17 de julio de 2008 el Gobierno nacional argentino enfrentó un proceso sin precedentes de protestas –movilizaciones, cortes de ruta, cese de comercialización de bienes, asambleas– liderado por las cuatro organizaciones políticas más importantes del sector agropecuario[2]. Un amplio repertorio de acciones directas, recurso habitual de los sectores subalternos (víctimas inefables de las crisis económicas y políticas) se desplegaba sobre los espacios públicos pero esta vez los protagonistas eran productores agropecuarios, empresarios, dirigentes gremiales y clases medias refractarias al Gobierno.

Las protestas comenzaron como una clásica reacción sectorial al aumento en las alícuotas de los derechos de exportación de granos (en particular, de la soja) pero trascendieron rápidamente el reclamo puntual hasta convertirse en una impugnación política al gobierno de Cristina Fernández de Kirchner, quien había asumido la presidencia de la Nación apenas tres meses antes[3].

El pasaje acelerado[4] desde un reclamo corporativo y circunscripto a una movilización política transectorial se visibilizó en la concurrencia de actores políticos, empresariales y gremiales no directamente implicados en la medida, pero también de franjas de población de los centros urbanos, predominantemente de sus sectores medios y altos. Este doble movimiento de expansión de la base social y despliegue geográfico de la protesta y de amplia-

---

[2] Sociedad Rural Argentina (SRA), Confederaciones Rurales Argentinas (CRA), Federación Agraria Argentina (FAA) y Coninagro (Confederación Intercooperativa Agropecuaria).

[3] Cristina Fernández fue electa presidenta de la Nación el 28 de octubre de 2007 con el 45,29% de los votos, en una fórmula integrada por el radical Julio Cleto Cobos. El 10 de diciembre de 2007 asumió como la primera Presidenta elegida por el voto ciudadano.

[4] Conviene recordar que las entidades agropecuarias nucleadas en lo que se denominó Mesa de Enlace Agropecuario anunciaron un cese de comercialización el 11 de marzo y que una semana después se registraban 300 cortes de ruta, y que ya el 25 de marzo se produjeron las primeras protestas en los centros de las principales ciudades del país: Ciudad de Buenos Aires, Rosario, Santa Fe, entre otras.

ción de las manifestaciones de apoyo extra-sectorial (incluidos partidos políticos con representación parlamentaria) tornaron verosímil la emergencia y consolidación del "campo" como un actor político organizado, a tal punto que los dirigentes agropecuarios tomaron como interlocutor a la "ciudadanía" en su conjunto, frente a la cual llegaron a proponer "otro modelo de país".

Por su propia contextura, pero también por sus efectos, el "conflicto del campo" puede reclamar para sí varios capítulos en la vida pública de la Argentina contemporánea. En retrospectiva, puede ser considerado un hecho clave en el devenir del kirchnerismo como una identidad política singular, el punto de contraste entre dos "ciclos" (Novaro, 2011: 110), tanto por el modo en que el conflicto habilitó una racionalización ex post facto de la inserción del kirchnerismo en una tradición nacional-popular (Svampa, 2011: 19) cuanto porque, recortado sobre el fondo del período de gobierno de Néstor Kirchner, fue la primera vez desde 2003 que el gobierno nacional encontraba un antagonista encarnado en actores con capacidad de movilización actual, que impugnaron globalmente la legitimidad del gobierno nacional apenas 100 días después de asumida Cristina Fernández[5].

Se ha debatido y escrito mucho sobre el rol de los medios de comunicación durante el conflicto, y en particular –o casi exclusivamente– sobre los diarios: sobre su utilidad funcional y su trabajo como actores políticos, sobre su contribución a una percepción binaria del conflicto, su apoyo a la protesta agropecuaria, sus efectos en la instalación pública de una dirigencia rural hasta entonces desconocida[6]. Menos se ha hablado, sin embargo, de esta evidencia: el conflicto del campo fue un conflicto televisado. Y si bien a los canales de noticias se les podrían endosar similares observaciones que a la prensa gráfica, hay algo que no depende sólo de las instituciones mediáticas sino del propio dispositivo televisivo y de la televisión como medio, en especial cuando se piensa en las necesidades y urgencias que dominaron aquellos 129 días. Desde el punto de vista del enunciador político, y en especial de aquel que ocupa un cargo excepcional como el de Presidente, y más aún cuando debe hablar en el marco de un conflicto que se ha polarizado (es decir, que ha reducido los matices frente a un problema dos posiciones contradictorias) no hay otro medio que ofrezca las condiciones ideales para responder a esas exigencias que la televisión.

Si, como tendencia dominante, el conflicto adquirió una forma polarizada, el análisis de las intervenciones públicas de Cristina (así como las de los dirigentes de la Mesa de

---

[5] Es probable que el conflicto con el sector agropecuario haya generado las condiciones para el kirchnerismo se identificara de manera coherente con la tradición nacional-popular ("momento" que, para Svampa se consolida con la aprobación de la Ley de Servicios de Comunicación Audiovisual, en 2009, y con el fallecimiento del ex presidente, en octubre de 2010), pero sólo pudo hacerlo porque en el período previo –digamos, en la segunda mitad de la presidencia de Néstor Kirchner- ya se había empezado a consolidar un imaginario político que Montero y Vincent sintetizaron con el nombre de "el kirchnerismo puro" (2013: 141-144).

[6] Barsky y Dávila, 2008; Becerra y López, 2009; Aroskind y Vommaro, 2010; Hora, 2010; Teubal y Palmisano, 2010; Kitzberger, 2011; Aruguete y Zunino, 2012.

Enlace[7]) muestran que el formato político del proceso, aunque binario, siempre propendió a volverse ternario porque en todo momento lo que se puso en juego –al menos, siempre que fue necesario exponer mediáticamente posiciones– fue el reconocimiento y la búsqueda de apoyo de un *tercero*: "la ciudadanía", "la opinión pública", "la gente", "el pueblo argentino".

Por eso el estudio de los actos televisados es importante: las acciones que se desarrollaron en el espacio público durante el conflicto no podían apuntar sólo a medir relaciones de fuerza por la puesta en escena de la propia capacidad de movilización, sino que debieron asumir la dimensión "comunicativa" de la acción colectiva: es decir, debieron definir "la capacidad de la acción para generar un público susceptible de apropiar el reclamo" (Naishtat, 1999). Y ésto en dos sentidos: debido a que el conflicto tuvo una expansión social, política y geográfica nacional, esos actos fueron una instancia en que se buscó reforzar el vínculo con las propias fuerzas no presentes, polemizar consignas y argumentos y disputar simbología política con el adversario, pero también se trató de acontecimientos que buscaron la "formación de una audiencia" que –a la luz de los discursos que someteremos a análisis– tuvo que desbordar el campo de lo que Verón (1987) denomina "prodestinatarios" y "contradestinatarios": esos discursos buscaron la atención de aquella porción de la ciudadanía que se supone no involucrada, a priori, a favor de uno u otro sector. Fueron, pues, acontecimientos que se estructuraron según el dispositivo de enunciación propio de la discursividad política.

El tercero como principio regulador: la televisión y la naturaleza de la puesta en escena.

Cuando se habla de mediatización (Hjarvard, 2008 y 2014), y en especial cuando se trata de la que produce la televisión, uno de los problemas centrales es el del control de la puesta en escena. Controlar la puesta en escena no sólo es administrar la composición de un espacio –con sus roles definidos, sus personajes principales, sus símbolos– sino también decidir cómo esa escena será exhibida. Control de puesta escena es, también, control del punto de vista. En televisión, además, la escena no es sólo una topografía, sino una duración: hay tiempos, ritmos, compases, a veces deliberadamente generados y otros espontáneos, a los que las cámaras deben adaptarse.

---

[7] La dirigencia de la Mesa de Enlace se vio rápidamente expuesta a hablar ya no sólo como representante de un sector, sino como portavoz de amplios segmentos la ciudadanía; el 15 de julio de 2008, en un multitudinario acto realizado en Capital Federal en la previa a la votación en el Senado de la Nación que decidiría la suerte de la Resolución 125, la dirigencia agropecuaria llegó a proponer un proyecto alternativo de "modelo de país". Ver Stoessel y Fernández (2012).

Mostrar y ser visto: ¿pero por quién, para quién? La mediatización televisiva de acontecimientos públicos revela con claridad la naturaleza triangular de la discursividad pública. Esa naturaleza triangular tiene como indicador preferente la presencia de una cámara. La cámara es el indicador del *más allá*, es decir, de un espacio de circulación que quien emite o habla no puede controlar, o al menos no puede controlar completamente. Ese más allá no es una proyección imaginaria, es un espacio habitado por individuos y colectivos: jubilados, jóvenes militantes, amas de casa, empleados bancarios, personas que definen su ser ciudadano en función de los impuestos que pagan, de intensos consumidores de actualidad mediática, de trabajadores formales calificados y trabajadores informales, también calificados a veces; en ese espacio hay policías, artesanos, taxistas y psicólogos, hay activas militantes feministas y machistas no asumidos, hay peronistas y radicales, hay estudiantes universitarios y jóvenes trabajadores que jamás pisarán una universidad. ¿Qué hilo une esa diversidad, cómo hablarle a esa multiplicidad? ¿En calidad de qué interpelarla, como hablarles a todos al mismo tiempo cuando no es posible abarcarla en su heterogeneidad?

Hay una "solución" formal, ofrecida por el propio sistema democrático: todos y todas, más allá y más acá de sus diferencias, forman parte de la *ciudadanía*. Desde el punto de vista del enunciador político presidencial, este es un presupuesto necesario, vital: el enunciador no le habla a un grupo delimitado por intereses estrechos –es decir, a un interlocutor fácil– sino a un gran colectivo que, por encima de sus singularidades internas, se define porque le concierne y le interesa el devenir de la vida comunitaria. Como se ve, se trata de una situación excepcional, sólo equivalente a la campaña electoral que precede a una elección presidencial.

Agreguemos algo más: sea lo que fuera que ese enunciador político vaya a decir, no hay mejor lugar –o no había, al menos, hasta hace poco tiempo[8]– donde esa posibilidad de hablarle al conjunto de la ciudadanía fuera factible que en y por la *televisión*. He ahí una verdadera condición de producción, que no sólo es "mediática" sino institucional, porque afecta al funcionamiento mismo del sistema político.

Ese *Tercero* puede concebirse como un regulador discursivo, pero en tanto es necesario encarnarlo –pues no se le habla a una abstracción- se convierte en un interpretante del imaginario político. Digamos, ¿quiénes son esos –que suponemos miles, tal vez millones– para los que se televisa una movilización gubernamental? Los actos televisados organizados por el Gobierno nacional durante el conflicto del campo son, en este sentido, lo opuesto a los discursos producidos en y para las redes sociales; son lo opuesto a la segmentación. La segmentación, como se sabe, siempre es doble, opera en producción y en reconocimiento (en ese más allá, *la sociedad*, que es un inmenso colectivo hecho de pequeños colectivos que ni

---

[8] En 2008 ni Facebook ni Twitter estaban consolidados como herramientas de comunicación segmentada, al menos para la comunicación política.

siquiera dialogan entre sí). O bien al revés: como se la supone en reconocimiento, se debe armar un discurso que pueda adaptarse a ella. En cambio, un discurso televisado (y ni hablar si se trata de un acto emitido por Cadena Nacional) trabaja sobre la hipótesis de un destinatario que sólo podemos pensar bajo la figura formal y abstracta, única, del *ciudadano*. Como el contexto en que se producen estos actos es el de un enfrentamiento, el influjo de esa figura es central; de otra manera, no se justifica su televisación.

Por eso la noción de *tercero* –vacía, abstracta, indefinida en su identidad– es útil, ya que finalmente el estudio comparado de los discursos nos muestra que una parte de *la estrategia política se juega en cómo encarnar a ese tercero*. El estatuto de ese espectador no es empírico; no es un sujeto social, ni una cantidad: no puede medirse. Es una presencia que opera sobre las condiciones de producción de la faz comunicacional de toda acción política en marcos de pluralidad democrática.

En ese sentido, el *tercero* es un regulador discursivo: hay aspectos de los discursos políticos que sólo pueden entenderse como adaptación a las hipótesis sobre ese *Tercero*, que *siempre* es una hipótesis sobre la conformación de colectivos. Si hablamos de *Tercero* –así, en singular– es porque buscamos indicar una posición en un intercambio, pero no porque se trate de una entidad homogénea. En una democracia como la argentina –que, en este punto, no es una excepción– esa entidad, el *ciudadano*, se superpone con otra, por mucho tiempo desmerecida como si se tratara de un ser de grado inferior: los *públicos mediáticos*[9].

Excurso: un estado de la cuestión.

Esta idea de la estructura triangular de los discursos públicos mediatizados ni es nuestra, ni es nueva. Ha estado, por el contrario, en el centro de algunos debates en cuanto concierne, al mismo tiempo, al funcionamiento del espacio público, al discurso político, al desarrollo de la acción política colectiva en la esfera pública, y en tanto implica la constitución de un sujeto colectivo que no coincide con el "nosotros" ni con el "ellos" que funda –según la vieja fórmula de Carl Schmitt (1998 [1932])– la especificidad de *lo político* como dominio autónomo en la vida social.

Para ejemplificar ese debate vamos a glosar a algunos autores que han puesto en evidencia esta estructura triangular del espacio público. Estos autores no trabajan sobre un

---

[9] Hay una opinión muy difundida, tanto en ámbitos académicos como fuera de ellos, según la cual el interpretante de la política serían los habitantes concebidos como "ciudadanos", mientras que los medios construirían ese interpretante en términos de "consumidor". Esto no es errado globalmente: el Público de los medios no es sólo el de los ciudadanos interesados en el curso de la vida política; más bien, ese Público es heterogéneo y fragmentado, en función del tipo de *consumo* de medios que realice. Sin embargo, eso no quita que, en determinadas coyunturas, tanto los políticos como los periodistas procuren incidir en el Público en su faz de *ciudadano*, como participante activo e interesado en las circunstancias políticas. Tal es el caso del estudio que aquí pretendemos realizar.

mismo concepto, pero entendemos que sí terminan por atribuir una misma *función a esa entidad* que, por definición, se ubica en una posición *externa* (y por eso constitutiva) frente a los acontecimientos que se desarrollan en el espacio público.

Una primera referencia es la de Hannah Arendt, que en sus reflexiones sobre la filosofía política de Kant (Arendt, 1978 y 2003) reconstruye la función del "espectador" en la constitución del significado de los acontecimientos históricos. El marco general de la reflexión de Kant (y por extensión, de Arendt) es la oposición entre la acción y la percepción, entre la acción y el juicio. En *La vida del Espíritu*, Arendt escribe, glosando a Kant, que no es la acción, sino la contemplación de la acción, "lo que revela la otra cosa, es decir, el significado del todo. Es el espectador, no el actor, quien posee la clave del significado de los actos humanos –los espectadores de Kant, y esto es lo decisivo, sólo existen en la dimensión plural, y así es posible llegar a una filosofía política".

Se plantea una oposición, "un choque" dice Arendt, entre el principio a partir del cual se actúa y el principio que rige el juicio. El "espectador" (que podríamos considerar, ya, el Interpretante de los acontecimientos políticos para Kant) es el único capaz de realizar un "juicio político", en tanto no está implicado, por definición, en las acciones que juzga.

En la línea general trazada por Arendt, pero en una perspectiva aplicada, Naishtat (1999, 2004) señala que "la relevancia del espacio público y de los públicos democráticos" instaura condiciones de posibilidad para la acción comunicativa de las protestas sociales: por un lado, impide que una protesta se constituya como mera acción de fuerza; y, en consecuencia, hace que toda acción colectiva en el marco de un espacio público democrático, deba *"producir una audiencia"* (2004: 373, cursivas nuestras).

En efecto, para Naishtat, toda protesta implica una "situación de enunciación" de tres vértices: un *nosotros* que él denomina reclamante o denunciante; un *ellos*, que en su enfoque se nombra como *denunciado o adversario*; y una tercera figura, que no aparece pronominalizada y que es el "vocativo de la enunciación", el público ante quien se habla: "la ciudadanía debe comprender que…". La protesta, concluye Naishtat, no pertenece por lo tanto al módulo bipolar amigo/enemigo, sino que "se caracteriza por la triangularidad enunciativa que es propia de la retórica, y que involucra los casos del discurso en los que los públicos y los auditorios son una figura co-constitutiva" (2004: 374).

Para el autor (Naishtat, 2004: 373) "se trata de mostrar que la acción colectiva, en el marco de un espacio público democrático, no genera fuerza ilocucionaria de cualquier modo y libre de cualquier constreñimiento, sino que lo hace mediante la formación de una audiencia y bajo los supuestos ilocucionarios de la acción comunicativa. El aspecto informal de la acción colectiva no la libera de los constreñimientos normativos que la inscriben y la legitiman en el espacio público". De esta idea, nosotros tomamos su núcleo: que el espacio público impone condicionamientos; pero no sólo normativos, sino también como "reglas de aparición y enunciación".

En la línea de reflexión de Naishtat, y a propósito de las acciones políticas de protesta en el espacio público, Nardacchione (2005: 86 y 93) retoma la figura del "espectador" reconstruida por Arendt y sostiene que la construcción del sentido político de las acciones de protesta "es, de manera creciente, una 'tarea plástica' en la búsqueda de legitimación frente a un Tercero, cuya figura es el destinatario ineludible de la acción política que necesita resolver de manera superadora el antagonismo dual (...) A diferencia de la concepción de lo político como violencia (...) el antagonismo debe traducirse en un sentido público que pueda generalizar una prédica dentro de un campo hegemónico de disputa discursiva".

Nardachionne se pregunta cuál es la incidencia del "espectador" en la definición del sentido público de la acción colectiva de protesta. Y dice que cumple dos funciones: reflexiona desinteresadamente y se entusiasma (o no) con los actos que juzga. Y agrega que es precisamente *el desinterés el que legitima la función del espectador y el entusiasmo es el que puede legitimar a la acción colectiva de protesta*[10]. Y al final reconoce algo que para la teoría de los discursos sociales forma parte del proceso mismo de producción de sentido: "Aunque parezca paradójico, son los sujetos que no forman parte de la acción los que le otorgan su sentido último"[11].

La naturaleza triangular de la comunicación en el espacio público es reconocida también por autores que analizan la comunicación política y la construcción de liderazgos presidenciales en las democracias contemporáneas.

Jean-Marc Ferry (1998 [1989]) afirma que el advenimiento de los medios impone "una redefinición sociológica" del espacio público[12]. Estrictamente, lo que propone Ferry es un sinceramiento conceptual: los medios "definen" al espacio público, el espacio público es el "marco mediático gracias al cual el dispositivo institucional y tecnológico propio de las sociedades postindustriales es capaz de presentar a 'un público' los múltiples aspectos de la vida social". De modo que lo mediático y "el público" aparecen ya como dos problemas insolubles, en tanto ese "dispositivo institucional y tecnológico" habilita el acceso a *esa entidad que, por definición, no puede identificarse con los presentes*. Después, Ferry distingue el "espacio público político" que no integra (no puede integrar) todas las variantes de la comunicación política (aquellos que "en la medida en que no son mediatizados no entran en la estructuración del espacio público": comunicación política de las masas y comunicación política de las minorías o élites).

---

[10] En este punto discrepamos con Nardacchione, que por su parte adscribe punto por punto a la figura del espectador kantiano. La figura del Tercero incide en la construcción del sentido de las acciones políticas de protesta (aunque la afirmación podría extenderse a otras acciones públicas) pero su "desinterés", "su entusiasmo", "su distancia", no pueden presuponerse. Es la percepción de su mera presencia lo que resulta determinante, mientras que sus cualidades específicas son el resultado de las estrategias dispuestas por los actores para configurarlo, de representarlo.

[11] Considerado desde el punto de vista de la teoría de la discursividad aquí no hay nada de paradójico, sino una fatalidad estructurante: sólo hay sentido en la articulación problemática entre producción y reconocimiento.

[12] La hipótesis de Ferry es que hay dos procesos históricos concurrentes que van a signar las transformaciones de la publicidad política durante el siglo XIX: el advenimiento de la "democracia de masas" y la consolidación de los "medios de comunicación masiva".

Eliseo Verón, en un clásico estudio titulado *La palabra adversativa* (1987), sostiene que en el contexto de un sistema democrático el imaginario político no puede concebirse sólo bajo el módulo bipolar amigo/enemigo, sino que debe incorporar, como destinatario de un discurso político, una tercera entidad, que él denomina "para-destinatario" y que identifica con los "indecisos", colectivo estadístico que gana mayor protagonismo en los períodos pre-electorales. El "para-destinatario" podría, de todas maneras, identificarse con la figura de los "ciudadanos", o sea, un colectivo que no es, por definición, un "operador de identificación" (aunque puede serlo, por ejemplo, "nosotros, los ciudadanos argentinos"), sino un meta-colectivo plural[13]. De modo que la discursividad política –entendida como tipología– se caracteriza por emplazarse, estructuralmente, en un triple vínculo de destinación, definido por una relación de creencia: un pro-destinatario (colectivo con el cual el enunciador mantiene una relación de creencia presupuesta); el contra-destinatario (colectivo con el cual el enunciador mantiene una relación de creencia invertida); y el para-destinatario (colectivo con el cual el enunciador mantiene una relación de creencia en suspenso).

El investigador norteamericano Ludger Helms (2008: 30), por su parte, explica que "en los regímenes democráticos, el conjunto de acciones de, e interacciones entre, los gobernantes y los medios masivos están en última instancia conducidas por sus consideraciones en relación al público". Sin embargo, el autor distingue modos diferenciales en que ese público es interpelado: "Mientras los gobernantes y los medios tienen un interés natural en llegar al público e influir en la agenda pública, lo hacen desde ángulos diferentes, como votantes o consumidores. Pero los ciudadanos tienden a combinar estos roles y no siempre son capaces, o ni siquiera desean, distinguir entre los diferentes mundos en los que viven".

Otro autor que ha pensado este tema, y cuyas reflexiones vamos a retomar en nuestro análisis, es Eric Landowsky (1985). En su caso, el punto de partida es que no se puede entender la construcción de sujetos individuales (el *yo*; digamos, la figura de Cristina como individuo) o colectivos (el *nosotros*; por caso, el *kirchnerismo*) independientemente de la presencia o de la ausencia de lo que él llama "una tercera persona" que hace la función de "observador". En su trabajo, Landowsky identifica a esa tercera persona como una "instancia testigo" o con el pronombre "ellos". Este ellos, como puede advertirse, define la posibilidad de constitución de un *nosotros*, sin que se trate del Otro polémico o adversario. Y esto es así siempre que ese nosotros se constituye en el espacio público. Lo público, como esfera de experiencia donde puede constituirse un sujeto colectivo (plural o individual) se define, precisamente, por la presencia de la "instancia testigo".

---

[13] Según Verón (1987) "Esta presencia en el discurso no es azarosa: resulta de una característica estructural del campo político en las democracias parlamentarias occidentales, la presencia de sectores de la ciudadanía que se mantienen, en cierto modo, fuera del juego"

Como se observa, un intento de integración teórica se vería obstaculizado por los propios presupuestos o principios teóricos de los autores mencionados (ya sea de la teoría de los actos de habla, de la teoría de la enunciación o de la teoría de la acción comunicativa). Sin embargo, lo que no puede obviarse es que todos estos autores permiten delimitar un campo problemático que incumbe, necesariamente, a los medios de comunicación, precisamente porque los medios le plantean a la acción política y a la producción del discurso político el desafío del contacto con los colectivos que definen y organizan identidades sociales. Y, sin dudas, porque se está frente a un objeto que no ha sido abordado ni tratado en toda su complejidad.

Intervenciones sobre el espacio público y regímenes de visibilidad: los escenarios de Cristina.

En el devenir del conflicto del campo los actos televisados de Cristina se comprenden mejor como *intervenciones*. Como tales, no sólo interesan por el "contenido" de la palabra presidencial –es decir, por su "discurso"– sino en tanto tienen efectos poderosos sobre la temporalidad del espacio público mediatizado. Esto por varias razones. En primer lugar, porque implican una escansión de la agenda mediática, al introducir un elemento heterogéneo e imprevisto (en el sentido de que no es producido *por el sistema mediático*) que reorienta la discursividad posterior en un sinfín de comentarios, opiniones, análisis, mesas de debates; en segundo lugar, porque esas alocuciones están insertas en un "régimen de visibilidad"; en tercer lugar, porque ese "régimen de visibilidad" (irreductible, por definición, al orden lingüístico, a lo que la persona "dice") es un modo de escenificar el *lugar del cuerpo presidencial en el juego de fuerzas sociales e institucionales* que dinamizan el sistema político.

Entre el 12 de marzo y el 18 de julio de 2008, es decir, entre el día posterior al anuncio de la Resolución n° 125 y el día posterior a la derrota en el Congreso de la Nación, Cristina pronunció 124 discursos: casi un discurso por día a lo largo del conflicto. Lo hizo en razón de motivos diversos: en anuncios o inauguraciones de obras públicas, en presentaciones de planes gubernamentales, a propósito de la firma de actas de acuerdo con sectores económicos, en actos oficiales, en reuniones diplomáticas, en encuentros regionales, en movilizaciones multitudinarias, en conmemoraciones de fechas históricas, en encuentros partidarios... Y lo hizo en escenarios diversos: habló en la Plaza de Mayo, habló en la Casa Rosada, habló en Parque Norte, habló en estadios municipales, aeropuertos, escuelas y hospitales... Y habló, también, a lo largo y a lo ancho del país: en Almirante Brown y en Merlo, en Jujuy y en Misiones, en Chaco y en Salta, en Capital Federal y en Tucumán. De ese total, poco más de treinta contienen alguna referencia a las protestas del sector agropecuario o a las vicisitudes del enfrentamiento y sólo 10 fueron intervenciones directas y explícitas sobre el conflicto. Entre ellas, deben contarse los primeros cuatro discursos que Cristina le dedicó al enfrentamiento, condensados en la semana que se extendió entre el 25 de marzo y el 1 de abril de 2008.

Tabla 1: Intervenciones públicas directas en el conflicto.

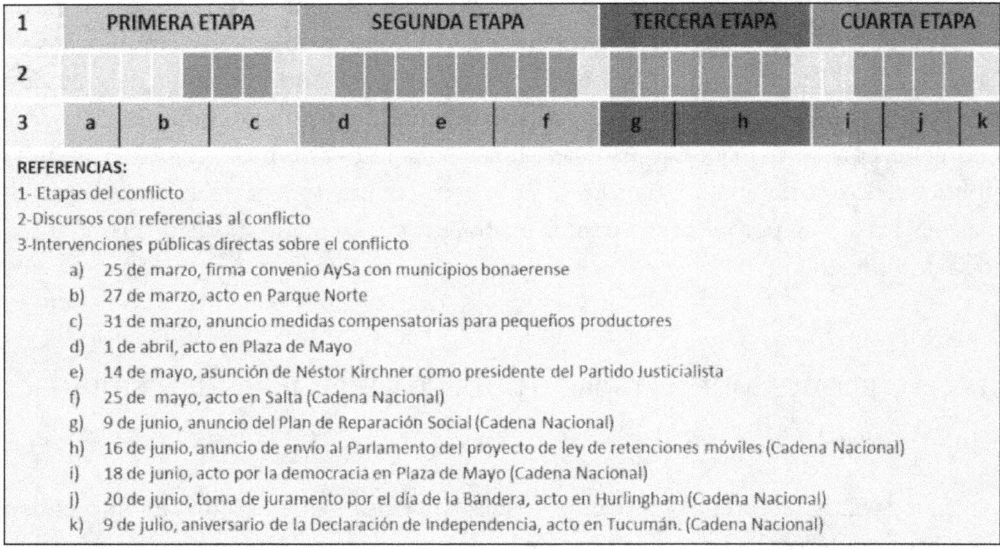

1	PRIMERA ETAPA			SEGUNDA ETAPA			TERCERA ETAPA		CUARTA ETAPA	
2										
3	a	b	c	d	e	f	g	h	i	j	k

REFERENCIAS:

1- Etapas del conflicto

2-Discursos con referencias al conflicto

3-Intervenciones públicas directas sobre el conflicto

    a)   25 de marzo, firma convenio AySa con municipios bonaerense

    b)   27 de marzo, acto en Parque Norte

    c)   31 de marzo, anuncio medidas compensatorias para pequeños productores

    d)   1 de abril, acto en Plaza de Mayo

    e)   14 de mayo, asunción de Néstor Kirchner como presidente del Partido Justicialista

    f)   25 de mayo, acto en Salta (Cadena Nacional)

    g)   9 de junio, anuncio del Plan de Reparación Social (Cadena Nacional)

    h)   16 de junio, anuncio de envío al Parlamento del proyecto de ley de retenciones móviles (Cadena Nacional)

    i)   18 de junio, acto por la democracia en Plaza de Mayo (Cadena Nacional)

    j)   20 de junio, toma de juramento por el día de la Bandera, acto en Hurlingham (Cadena Nacional)

    k)   9 de julio, aniversario de la Declaración de Independencia, acto en Tucumán. (Cadena Nacional)

Como puede observarse en la tabla 1, los discursos de *intervención sobre* el conflicto coinciden con los picos de conflictividad (es decir, se concentran en la primera y en la tercera etapa) y aquellos discursos que refieren al conflicto pero no están anudados a la confrontación inmediata, con las etapas de tregua (básicamente, por la suspensión o flexibilización de las acciones directas). Esto, por un lado, puede resultar una obviedad, pero al mismo tiempo justifica que se las describa como "intervenciones" (sobre el espacio público, sobre el devenir del conflicto y sobre la temporalidad del sistema mediático) y que se analice tanto la composición del régimen de visibilidad como sus efectos sobre la dinámica del enfrentamiento.

De modo que la comunicación presidencial debe estudiarse en función de cómo varían los regímenes de visibilidad en los que se inserta. Un comunicado por Cadena Nacional en que el presidente habla solo frente a cámara, un acto realizado en Casa de Gobierno frente a un auditorio, un acto partidario realizado en un estadio o en una plaza: el régimen de visibilidad no puede variar sin que varíe, en un nivel, la discursividad política como dispositivo de ejercicio del liderazgo y de la representación. De lo que se trata, ahora, es de ver de qué manera el funcionamiento discursivo que hemos descripto se articula con los regímenes de visibilidad de los actos en los que la Presidenta pronunció sus discursos.

Desde nuestro punto de vista en sus intervenciones CFK encarnó tres modalidades de liderazgo, y en esa variación hay que leer la influencia de distintos colectivos (*Terceros*) operando como interpretantes en reconocimiento del discurso presidencial. Desde ya, no podemos presumir los efectos de esa estrategia (finalmente, nuestro análisis se ubica *en producción*), pero sí podemos mostrar cómo esas variaciones están asociadas a tres niveles del fenómeno de la "representación" y de los órdenes de legitimidad en que los se ejerce:

1- la legalidad de la investidura presidencial que sustenta al "líder nacional", cuya función está directamente sostenida por el sistema electoral (cuyo interpretante es la *ciudadanía*). Ejemplos de esta modalidad son los actos del 25 y 31 de marzo, del 25 de mayo y del 9 de junio de 2008.

2- la legitimidad del "líder político", que se juega en su capacidad de conducción de su fuerza política (cuyo interpretante es el *militante partidario*). Ejemplos de esta modalidad son los actos del 27 de marzo en Parque Norte y el del 14 de mayo en el estadio de Vélez Sarsfield.

3- la legitimidad del "líder plebiscitario", que moviliza fuerzas no encuadradas partidariamente, ni acotadas formalmente por su relación con el voto, y cuyo interpretante es el "pueblo" o "los argentinos" (o *pueblo argentino*, al menos según aparece en los discursos que hemos analizado). Por ejemplo, los actos del 1° de abril y del 16 de junio.

La distinción por tipos de liderazgo está asociada, entonces, a las identidades que se pretende representar. Un líder nacional no representa al mismo colectivo que un líder partidario o que un líder plebiscitario, aunque los tres estén encarnados en la "misma persona". Mientras que el líder partidario dialoga con una identidad acotada y constituida, el líder nacional busca representar al conjunto de la ciudadanía, que no necesariamente se construye como "sujeto dañado" sino como colectivo dotado de deberes y responsabilidades formales.

Sobre el fondo de esa variación, debemos señalar *una primera invariante*: todos estos discursos fueron televisados por el propio Gobierno[14], es decir que fueron concebidos para su mediatización: para insertar la palabra presidencial en el espacio público a través de su puesta en circulación en el sistema de medios. El enunciador sabe que se dirige *de hecho*[15] a un colectivo que es, finalmente, *otro interpretante* de la discursividad pública: *la audiencia*, o mejor, los *públicos mediáticos*, definidos ya no por la igualación regulada por la Constitución (ciudadanos), por la adscripción a un sector político (partidario) o por la pertenencia encarnada en valores, afectos, tradiciones (pueblo argentino).

La pregunta, entonces, es cómo varían los regímenes de visibilidad. Nosotros proponemos dos formas de variación.

En primer lugar, por la naturaleza de la relación que entablan el orador (el líder como persona representativa) y los colectivos presentes (el auditorio), que a su vez están condicionados por el tipo de acto en que se pronuncia el discurso. A esto, debemos agregar el rol asignado a la audiencia (*públicos mediáticos*). Lang y Lang (1983)[16] han distinguido entre

---

[14] Desde el 2003, todos los actos oficiales fueron filmados y distribuidos por la empresa Prensa Satelital, propiedad de la productora "La Corte", encargada, a su vez, desde 2009, de la televisación del fútbol de Primera y Segunda División.

[15] O sea, independientemente de que en su discurso introduzca marcas pronominales o interpelaciones explícitas.

[16] Citado en Dayan y Katz (1995: 190)

acontecimientos que tendrían lugar incluso sin público y acontecimientos escenificados expresamente para un público. A ese primer criterio lo cruzan con otro, que distingue a los acontecimientos según su función en "unificadores" (como una asunción presidencial, o el velorio de un ex presidente) o "polémicos" (un debate pre-electoral). Lo que surge es una clasificación combinada que da cuatro tipos de acontecimientos:

- *Ceremonia* (unificador/público como testigo)
- *Espectáculo* (unificador/público necesario)
- *Debate esotérico* (polémico/público como testigo)
- *Acción antagonista* (polémico/público necesario)

Dayan y Katz acuerdan con ésta clasificación, pero manifiestan un leve reparo sobre el rol asignado al público; entienden, y en esto coincidimos, que cualquiera de esos acontecimientos, en tanto se disponen para su televisación, son "acontecimientos mediáticos"[17]. En ellos, por lo tanto, el "público" es constitutivo. Agregamos nosotros que si esa afirmación es llevada hasta sus últimas implicancias conceptuales, lo que cabe decir es que cualquiera de esos acontecimientos funciona como un "espectáculo": están dispuestos para un *espectador* al que no puede asignársele una identidad colectiva (podríamos decir: como entidad política es transversal).

Dando por sentado, entonces, que el *público* es necesario en cualquiera de sus variantes, vamos a proponer una clasificación de los regímenes de visibilidad instituidos por CFK en el conflicto con el sector agropecuario modificando la propuesta de Lang y Lang. Así, tenemos cuatro tipos de *regímenes de visibilidad*:

- *Monólogo esotérico*
- *Ceremonia exotérica*
- *Movilización ceremonial*
- *Ceremonia partisana*

Como se ve, mientras que en el inicio de este capítulo referimos tres escenarios, ahora estamos tipificando cuatro regímenes de visibilidad. Esto se explica porque finalmente son tres los tipos de liderazgo escenificados, con variaciones en la forma en que se presenta públicamente la figura del "líder nacional". A continuación, desarrollamos esta clasificación general.

---

[17] Dayan y Katz (1995: 14) explican que "la diferencia más obvia entre los acontecimientos mediáticos y otras fórmulas o géneros de retransmisión es que, por definición, no son una rutina. De hecho, *son interrupciones* de la rutina; interfieren el flujo normal de las emisiones y de nuestras vidas. En directo, organizados fuera de los medios, en un localizaciones remotas, protagonizados por el Estado, planeados con antelación, "integran las sociedades en un latir colectivo y conjuran una renovación de la lealtad a la sociedad y a su autoridad legítima".

a- *Monólogo esotérico*

Se trata del régimen de visibilidad predominante en el conflicto (al menos, ponderado por la cantidad de actos). En este tipo de régimen de visibilidad se escenifica la figura del líder nacional, ubicado por encima de los intereses e identidades sectoriales, enmarcado en una escenografía que privilegia la visibilidad de símbolos patrios, reforzado por la presencia –en los laterales o detrás de CFK, pero siempre sobre el escenario– de representantes políticos electos por el voto popular (gobernadores, intendentes, legisladores) y por el cuerpo de ministros del gabinete nacional. Sin embargo, en todos estos actos el régimen de visibilidad aparece tensionado por la introducción, entre el auditorio, de representantes sectoriales (dirigentes sindicales, líderes de organizaciones sociales de derechos humanos, empresarios, banqueros, actores, etc.) colocados como interlocutores directos del orador y cuya identificación, como bien lo ha señalado Gastón Cingolani (2009), desarma la potencia del interpretante *ciudadanía*, que queda relegada, como público mediático, a testigo de un diálogo que no la incluye, salvo por alguna indicación verbal bajo la tercera persona.

Se abre, entonces, el espacio para una *contra-identificación* por la cual el líder nacional queda recortado sobre la representación sectorial. Para sintetizar: el régimen de visibilidad se estructura como un monólogo del líder frente a un auditorio compuesto por "personas representativas" (cuyo valor político en el acto se define por su representatividad –económica, política, ideológica–) con quienes, desde la lógica de la distribución topográfica de lugares y el modo en que ella condiciona el contacto de mirada, conforman una suerte de *circuito cerrado*. Esto se confirma en la dimensión proxémica[18] que se va estabilizando bajo la forma de gestos cómplices con algunos miembros presentes en el auditorio, sobreentendidos e incluso bromas.

Lo notable es que este tipo de escenificación resulta connatural para cierto tipo de actos (anuncios de obras públicas, lanzamiento de planes estatales, firma de convenios, presentación de proyectos de ley) cuyo implicados directos son *colectivos segmentados* (trabajadores de la construcción, vecinos de un municipio, estudiantes universitarios, etc.) pero el Gobierno lo fue extendiendo para los anuncios emitidos por Cadena Nacional. Esto puede verificarse comparando las primeras intervenciones de CFK (por caso, la del 31 de marzo) y la primera intervención enmarcada en este régimen de visibilidad emitida por Cadena Nacional (el 9 de junio de 2008). En uno y otro caso, el acto se abre con la voz en off del presentador oficial que identifica a los presentes (de manera individual a aquellos cuya jerarquía institucional es más alta; de manera genérica a los demás); en ambos casos, antes de que la Presidenta tome la palabra se oyen aplausos y cantos que se re-

---

[18] Birdwhistell (1979) habla de la dimensión proxémica de la vida social para referirse al estudio de los usos y percepciones del espacio social y personal: relaciones formales e informales, creación de jerarquías, marcas de sometimiento y dominio, establecimiento de canales de comunicación.

petirán luego, como acentuación y apoyo a las palabras presidenciales. Si obviamos ciertas variantes de la escenificación, la única diferencia entre ambos es que, como dijimos, el del 9 de junio fue televisado por Cadena Nacional, lo cual lo salva de la inmediata intervención de los discursos periodísticos (comentarios, videographs, pantalla partida, planos cortos, etc.) tal como había sucedido en los primeros discursos y adelanta –ahora podemos saberlo- un movimiento estratégico en la mediatización de la figura presidencial: el uso regular de la Cadena Nacional, no como recurso excepcional para comunicar a la ciudadanía información trascendente, sino como táctica para sortear la intermediación de las instituciones periodísticas[19].

b- *Ceremonia exotérica*

Corresponden a este régimen los actos del 25 de mayo, el 20 de junio y el 9 de julio. El aspecto *ceremonial* les viene dado por su estatus conmemorativo. Inscriptos, como están, en una temporalidad cíclica, señalan la continuidad simbólica de la unidad nacional. Son lo que Abélès llama "ritos de consenso". Por lo tanto, invocan una identificación suprapartidaria, y allí el líder aparece como encarnación de las normas y la tradición. Si se trata de una ceremonia *exotérica* es porque el público presente no puede ser identificado con un sector específico; es un colectivo indiferenciado que resulta un sustituto en presencia de la *ciudadanía* ausente. En su alocución del 9 de julio de 2008, en San Miguel de Tucumán, CFK dijo, hablándole a los asistentes al acto, pero también, por defecto, a quienes lo miraban por televisión:

> Sé también –y ustedes tal vez lo saben mucho mejor que yo– de los obstáculos que siempre hay para quienes queremos llevar adelante gobiernos y políticas populares. Lo saben porque muchas veces fueron traicionados y abandonados, lo saben porque son, precisamente, los más humildes, los más vulnerables, los trabajadores, los obreros, nuestras clases medias las que siempre pagan el precio de políticas que no contemplen un desarrollo de país.

Nuevamente, la tensión permanece por la estructuración del eje de la mirada (Verón, 1984): la interlocución directa nunca incluye a los (tele)espectadores, que asisten a un acto que sólo los incluye por las menciones que pudiera hacer el orador.

---

[19] Considerando que, por ejemplo, entre 2008 y 2012, CFK utilizó la Cadena Nacional en alrededor de 65 oportunidades (una cantidad excepcional si se la compara con el uso que hicieron sus antecesores) podríamos suponer que, *a la relación adversativa con el periodismo* (en particular con el Grupo Clarín) *ha correspondido un reforzamiento de la centralidad de la figura presidencial en la televisión*. De hecho, en esos años fue una constante la publicación de notas haciendo un racconto de la cantidad y modos de utilización de la Cadena Nacional. Ver, por caso, "Cristina amplía su record en el uso de la Cadena Nacional", *La Nación*, 28/08/2012.

c- *Movilización ceremonial*

Participan de este régimen las dos movilizaciones masivas que organizó el oficialismo en Plaza de Mayo, 1° de abril y el 18 de junio. Resulta central aquí la exterioridad por oposición a las arquitecturas cerradas de las instituciones (como Casa de Gobierno) o de los estadios en los que se realizaron las ceremonias partisanas. En Plaza de Mayo, la Presidenta asume el rol del líder político supra-partidario; su legitimidad no emana sólo de la regla institucional sino que es el efecto de la capacidad de conducción y del carisma:

> Argentinos y argentinas: quiero agradecer esta presencia multitudinaria del pueblo argentino, que no ha venido a defender un color político o a un sector; agradezco la presencia de miles y miles de argentinos y argentinas que vienen a defender a su país, la Nación Argentina. (Discurso del 1° de abril)

El apoyo de la movilización refuerza y actualiza el liderazgo, que podemos considerar una variante del liderazgo nacional, es cierto, pero el contacto directo líder-pueblo que se pretende escenificar marca también que la adhesión no responde sólo a la capacidad de conducción de un espacio político sino a un factor que podemos llamar "popularidad" y que trasciende tanto la legalidad de la investidura como la pertenencia partidaria. Es precisamente en estos actos cuando la figura del *pueblo* aparece por dos vías: como entidad corporizada (es el interlocutor directo de la Presidenta, ya que se ha hecho presente en la Plaza) y como entidad del imaginario político (el "pueblo" como víctima del paro agropecuario y el "pueblo" como identidad supra-grupal, "que no ha venido a defender un color político o un sector").

> Yo convoco a todos, a todos, aún a los que agravian e insultan, sólo les pido, si les hace feliz agraviarme síganlo haciendo, pero por favor no agravien más al pueblo, dejen las rutas para que se despejen y los argentinos puedan acceder a los alimentos, las fábricas a los insumos, los comercios a las mercaderías.

d- *Ceremonia partisana*

Si bien en los cuatro meses de conflicto en muchas ocasiones CFK pronunció discursos en actos que, por la simbología, podrían ser considerados partidarios (lanzamientos de planes de vivienda, inauguración de obras públicas, etc.) su presencia allí se justificaba en tanto Presidenta, esto es, como líder nacional. La *ceremonia partisana* se define, en cambio, porque lo que escenifica es el liderazgo como capacidad de conducción de una fuerza política y la pertenencia a una identidad acotada, singular, de *partido*. Así como las movilizaciones ceremoniales, las ceremonias partisanas destacan, en el conflicto, por su excepcionalidad:

no pueden convertirse en rutina[20] pero tampoco someterse al calendario ritual. *Son intercalaciones tácticas*. Entre el 11 de marzo y el 17 de julio, el Gobierno organizó dos actos estructurados por este régimen de visibilidad: el 27 de marzo, en Parque Norte y el 14 de mayo, en el estadio de Almagro. Como tales, son actos *para-institucionales*, realizados en sitios cerrados de la topografía urbana. No obstante lo cual, en ellos CFK habla *también* como Presidenta y anuncia su voluntad de reflexionar "con todos ustedes" (los presentes) junto a "todos los argentinos" (acto en Parque Norte) y convoca "*desde este espacio político a todos los argentinos*, sin distinción de banderías, sin distinción de pertenencias, a debatir y a discutir en un marco democrático para profundizar la trasformación y el crecimiento para que siga dando trabajo a todos los argentinos" (acto en el estadio de Almagro). En tabla 2 sintetizamos la descripción que hemos desarrollado, vinculando el tipo de acto con las relaciones de liderazgo establecidas y los regímenes de visibilidad estructurados.

Tabla 2: Regímenes de visibilidad según tipo de acto.

Tipo	Subtipos	Características	Relación de liderazgo (Líder/interpretante)	Régimen de visibilidad
Institucionales	Protocolares	Actos contemplados en el protocolo institucional (anuncio de obras públicas, inauguración de esas obras, presentación de proyectos de ley, firma de convenios, lanzamiento de planes estatales, entrega de viviendas). Espacios cerrados.	Líder nacional /ciudadanos-Nación	Monólogo esotérico
	Conmemorativos	Son aquellos que tienen por función la conmemoración de acontecimientos históricos significativos para la vida comunitaria y cuya ocurrencia está definida por el calendario oficial. Esto no quita que pueda haber innovaciones en ese calendario. Espacios abiertos.	Líder nacional/ ciudadanos-Patria, País.	Ceremonia exotérica
Para-institucionales	Movilización partidaria	Son actos en los que se refuerza el vínculo del líder con su propio espacio político. Espacios cerrados.	Líder de partido/ militante partidario (colectivo segmentado: una fracción)	Ceremonia partisana
	Movilización popular	Actos en los que se actualiza el vínculo del líder con el "pueblo" (como colectivo no partidario). Espacios abiertos.	Líder plebiscitario/ Pueblo-Patria	Movilización ceremonial

---

[20] Pues si lo hacen refuerzan la paradoja de un presidente que se asume como representante de un sector.

Un contrapunto mediatizado.

Para darle una forma cabal a la propuesta de pensar estos actos como intervenciones sobre el espacio público mediatizado nos resta describir el modo de su inserción en la dinámica del conflicto. En efecto, es preciso concebir estos actos, y su mediatización, como formando parte de una *dialéctica temporal*: un anudamiento del pasado y el futuro; una respuesta a la situación que podrá o no alterar el curso del conflicto.

En el análisis del conflicto del campo, la temporalidad es una dimensión central. Desde el principio la conflictividad se fue activando de manera intermitente e imprevisible. El proceso estuvo poblado de negociaciones que se anunciaban e interrumpen sin ningún resultado; invocaciones urgentes al diálogo, anuncios de treguas efímeras, que se rompían o se extendían de manera inesperada, demostraciones de fuerza, leves gestos de conciliación y otros tantos de desconfianza. Hasta las luchas más trascendentales, esas que ponen en juego el destino colectivo (y la disputa por la distribución de la riqueza parece ser una de esas luchas) están repletas de estos indicadores pedestres, donde tanto valen los acuerdos de gran escala como las mímicas de protocolo[21].

Y en esos vaivenes la palabra pública de Cristina tuvo un valor central, porque en determinados momentos funcionó como respuesta a las acciones de la Mesa de Enlace y de los productores o bien como propuesta hacia el futuro, como ancla para su propia fuerza política o para aquellos que miraban por televisión esperando una clave de intelección, o bien un gesto para justificar su propia posición. Así, bien pudo CFK declarar, el 7 de mayo, que tenía "aguante", que no iba "a defeccionar en esta lucha" y que convocaba "a todos los argentinos a estrechar filas", y apenas una semana después, el 14, hacer una convocatoria al diálogo que hasta los medios opositores celebraron[22].

En la coyuntura, estos actos funcionaron bajo la lógica de un *tacticismo urgido*: en la perspectiva de los actores y de los comentaristas, obviamente, poco se vinculan con la construcción progresiva del liderazgo o con ceremonias de unificación social, y mucho, en cambio, con demostraciones de fuerza o de señales de predisposición al diálogo cuyos efectos suelen ser intensos y evanescentes.

Ahí está, por ejemplo, el acto del 14 de mayo de 2008, convocado para la asunción oficial de Néstor Kirchner como presidente del Partido Justicialista, tras dos semanas en las que la dirigencia agraria había retomado las protestas, con cortes de ruta parciales, cese de

---

[21] A lo largo del conflicto se repitió un gesto protocolar (es decir, cuya función sólo fue la de operar como símbolo de cordialidad) que consistía en la fotografía de Cristina saludando a los dirigentes agropecuarios antes de las reuniones de mesa técnica con otros funcionarios del gobierno.

[22] "El silencio de Néstor Kirchner fue ayer tan importante como el llamado de Cristina Kirchner al diálogo, sin rencores, a todos los sectores de la sociedad. Acorralada por el conflicto con el campo, la Presidenta necesitaba un escenario que le ofreciera las garantías para lanzar una convocatoria amplia que, en su esencia, tiene el reconocimiento tácito de las dificultades que atraviesa su gobierno, más allá del conflicto con el campo". Jorge Rosales, La *Nación,* 15 de mayo de 2008.

comercialización y el Gobierno había rechazado cualquier posibilidad de modificar el esquema de retenciones móviles. En ese acto, finalmente el ex presidente apenas si ofició de presentador para el discurso final de CFK, en el que aludió a la necesidad de diálogo, de trabajo concertado, de superar los enfrentamientos que "sólo han servido para dividir al pueblo y para que, en definitiva, nuestro país, la República Argentina se llenara de fracasos y frustraciones", de reconstruir el sistema político. Y que fue interpretado como un gesto que trasladaba la responsabilidad por el futuro del conflicto a la dirigencia agropecuaria.

Lo mismo puede decirse del anuncio transmitido por Cadena Nacional el 9 de junio. El Gobierno decidió presentar un Plan de Reparación Social, financiado con los ingresos provenientes del aumento porcentual de los derechos de exportación, restándole a los ruralistas y a la oposición política uno de los argumentos más recurridos en su contra: la centralización de la recaudación impositiva sin una contraparte visible en obras para las provincias, sólo para "hacer caja". El día elegido (en conmemoración de los 52 años del fusilamiento de militantes peronistas perpetrado por el gobierno de facto del general Aramburu en José León Suárez) y el tenor del anuncio (la administración del Plan quedaría a cargo de intendentes y gobernadores, el dinero se destinaría a construir escuelas y hospitales) indicaban una vía de solución, o al menos eso pretendían. Apenas una semana después, por el contrario, el gobierno se vio constreñido a ceder en su decisión de no dar marcha atrás con la resolución 125 y anunció el envío del proyecto de ley al Congreso Nacional.

En cualquier caso, desde el punto de vista que aquí proponemos, lo que debe resaltarse es que esa temporalidad efervescente y las modalidades definidas para intervenir sobre el espacio público para condicionar al adversario o para contener y agrupar a la propia tropa, están inextricablemente ligadas a la mediatización.

Por un lado, no pueden desvincularse de los ritmos mediáticos y de los relatos periodísticos, porque su modo de inserción y circulación a escala nacional se produce a través de la interrupción, desestructuración o reencauce del flujo mediático[23]. Y porque la realización del acto incluye el cálculo de la distribución de los comentarios posteriores en el sistema de medios, de la editorialización, la tematización, que a su vez se convierten en insumos para la producción y modelización de las reacciones (públicas) del otro (sea adversario, aliado o testigo).

---

[23] Dayan y Katz retoman esta idea del "flujo" de Raymond Williams (1992), quien destaca este rasgo de la televisión como una continuidad con las formas de recepción que ya había instaurado la radio. Williams habla de "flujo continuo" para señalar la diferencia entre el consumo de TV y el de otras prácticas culturales, como el cine y el teatro, que son experiencias discontinuas, espectáculos rituales. A propósito de esto, Dayan y Katz (1995: 77) introducen un matiz, pues consideran la televisión puede ser el escenario (de producción y consumo) de acontecimientos rituales: "El poder de la televisión no reside sólo en el modo en que estructura el flujo de la vida cotidiana, sino también en su consiguiente capacidad de interrumpir ese flujo. Los acontecimientos mediáticos son un ejemplo de esa dimensión interruptiva. Cancelan todos los demás programas, detienen el reloj de la televisión y mientras están en antena no pueden ser interrumpidos. Su representación pertenece a un 'tiempo sagrado' y deja en punto muerto toda actividad social".

Por otro lado, estos actos son puestas en escena que buscan interpelar a los *públicos mediáticos*; son irreductibles a un módulo polémico o bipolar, ensimismado. Desde el estadio de Almagro o desde el Salón Blanco de Casa de Gobierno, desde la Plaza de Mayo o desde Parque Norte, desde Tucumán o Salta la mediatización televisiva le impone a cualquier acto, como ya lo señalamos, una forma triangular a la que la audiencia queda incorporada, de modo constitutivo, independientemente del modo en que el orador invoque en su discurso la presencia de los destinatarios. Aun el discurso más orientado a reforzar la pertenencia partidaria queda atrapado por la lógica de esa forma triangular.

Finalmente, estos actos deben comprenderse como *recursos de gestión del conflicto*. Su función primera es incidir en las circunstancias inmediatas: reposicionarse o bien obligar a que el otro deba reorientar sus posiciones. O, por qué no, suspender el conflicto, ponerle un fin. De allí que sus rasgos polémicos, conciliadores o antagonistas no sean propiedades inherentes sino añadidos de coyuntura, y que, como tales, sólo puedan reconstruirse por el análisis del discurso. Al respecto, suele postularse que la "polémica" es un rasgo constitutivo del discurso político. *Habría que considerar que es, antes bien, un rasgo inscripto en sus condiciones de circulación*: aunque el enunciador no incurra en la polémica (considerada como recurso retórico), su discurso circulará, necesariamente, en un campo que lo "polemizará", en un horizonte de destinación que lo someterá a lecturas "adversativas". Las intervenciones de CFK están atadas a esta compleja trama.

CAPÍTULO 4

A pantalla partida.
La televisación de los colectivos en un conflicto político.

Gastón Cingolani (2010)

La separación entre *puesta en escena del acto político* y *puesta en escena mediática* parecía perder vigencia en los debates sobre este asunto ya que, en las sociedades mediatizadas, la primera fue quedando progresivamente subordinada a la segunda. Sin embargo, es necesario volver sobre esto, una y otra vez: la multiplicación de modalidades de mediatización, así como su revisión posterior generó condiciones de aparición del tema, a nivel mediático, de una tensión entre ambos tipos de puesta en escena: la política y la mediática. Y más aún cuando el debate político se transforma, a veces, en una crítica de la puesta en escena mediática de los actos públicos.

Durante los gobiernos de Cristina, hubo una revalorización de los actos políticos mediatizados, ya no como parte de las campañas electorales, ni tampoco como eclosión de inconformidades o hartazgos opositores, sino como territorio de disputa incesante, en la que el propio oficialismo fue tal vez el mayor impulsor.

La chispa que inició el fuego estuvo rodeando la propia legitimación de un gobierno que acababa de asumir pero que se sintió en jaque por una medida de fuerza de un sector de gran potencia desde lo económico. Cristina no eligió hablar a solas al "país" mirándolo a los ojos: habló a un auditorio acotado (25 y 31 de marzo), entre medio habló a sus copartidarios (27 de marzo) y finalmente convocó un acompañamiento abierto en Plaza de Mayo (1° de abril), o al menos en eso consistió el dispositivo escénico. Al mismo tiempo, el sector demandante, que no existía fuera de las menciones periodísticas, emergió con cuerpo y presencia, cuando los cortes de ruta y más tarde las manifestaciones masivas, lo instalaron como un colectivo sectorial primero, como un reclamo ciudadano después.

Gastón Cingolani y Mariano Fernández

La televisación de los actos del gobierno nacional y del sector de productores agropecuarios.

Genéricamente, en los actos políticos en el espacio público, la escena se configura sobre una espacialidad constituyente, compuesta por dos sub-espacios: el sub-espacio 1 de los *oradores* que se organiza enfrentado al sub-espacio 2 de los *oyentes*. Esta escena "originaria", con doble espacialidad, marcada sobre la superficie topográfica (una plaza, una avenida, un estadio), por sentido común, es naturalmente del orden del contacto (Meunier, 1999), si la consideramos como un dispositivo que organiza el carácter complementario de la relación entre los dos tipos de actores: un orador frente a un auditorio. Como en misa, como en una clase, y tantas otras situaciones instituidas-instituyentes, la distribución en el espacio asigna los roles que ocupan los diferentes actores individuales y colectivos.[1] Ahora bien, caracterizar esta relación como orador / oyente es inexacto e incompleto. En los actos políticos, el "auditorio" está en una relación –*de apoyo, de reclamo, de repudio*– con respecto al actante "orador", y no sólo para oírlo. Y esa relación se inscribe en una dimensión colectiva: no son los individuos los que están en la posición de oyentes, sino ya un colectivo, que toma posición política respecto del orador. Este colectivo es el resultado de una operación simbólica de generalización y también de representación (representación de una serie no siempre determinable de individuos). Según Naishtat (2004), y siguiendo la teoría de los actos de habla, esta operación se produce por medio del carácter *performativo*[2] que le otorga el hecho de emplazarse en el espacio público.[3]

Se habla aquí de representación como signo, y todo signo lo es para un *tercero*, o mejor dicho, *en virtud de un tercero*.[4] Es decir, conservar la idea de un carácter binario de la relación hablante-oyente no es adecuado porque dichos actores no están frente a frente sólo para decirse algo uno al otro: están ahí, ante todo, para que eso que se dicen se escenifique para un tercero, ya que es un signo *público*, y como tal, un *espectáculo*. Cuando no sucede

---

[1] Las manifestaciones de protesta o reclamo pueden comprender este modelo o el de la movilización desde uno o varios sitios, confluyendo finalmente en un punto.

[2] La noción de *performativo* o *realizativo* proviene de la teoría de los actos de habla (*speech acts theory*) y consiste en atribuir a una fórmula lingüística convencional, si el contexto es también el convenido y también sus realizadores, un determinado resultado *ipso facto*: "declaro abierta la sesión", "los declaro marido y mujer", "lo declaro culpable". Fuera de los casos lingüísticos, el uso de *performativo* como el que aquí hacemos, retiene la idea de Austin (1962) de que hacer algo con discursos (aquí: no necesariamente lingüísticos) asegura un determinado resultado de realización; cf. por ejemplo, Butler, 2002: 18; 2007: 264.

[3] En nuestro país, un caso emblemático por su singularidad, ilustra bien esta dinámica: el acto del 1° de mayo de 1974 en el que Perón reprende a la Juventud Peronista, amonestación que a su vez es vitoreada por otro sector del peronismo, a lo que sigue la decisión de abandonar la plaza por parte de la JP. Cada uno de esos movimientos (reclamo-amonestación-apoyo de una fracción-salida) *performaron* la relación política (¡no sólo física!) con ademanes demostrativos mediatizados hacia el resto de la población. [https://www.youtube.com/watch?v=kafFS9KdlNQ]

[4] Sobre la cuestión del tercero, se amplían los conceptos en el capítulo 3.

así, las reuniones (políticas o del tipo que sean) se realizan en un espacio privado o de manera secreta, no siempre enmarcado institucionalmente, y por tanto despojado de toda idea de presentación ante un tercero. De ahí se suele deslizar en esa escenificación para un tercero, la asunción de una representación presunta: siendo el auditorio un colectivo, se suscribe como legítimo interpretante (*en producción*) y como representamen de un imaginario (*en reconocimiento*).[5] Dicho de otra manera, es tan inevitable el debate sobre la consistencia o sobre el carácter legítimo de la representación, como lo es la puesta en discurso misma: no hay, fuera del discurso mediatizado, otra instancia de existencia pública de un colectivo. El asunto está en el *cómo*.

Sobre su mediatización audiovisual, de apenas un siglo de existencia aproximadamente, se debe señalar que ha sido tremendamente efectiva por su triple potencialidad icónica, indicial y simbólica. Siguiendo a Peirce, lo *icónico* brinda las operaciones para representar ya sea mediante la figuración de cualidades, o según un tipo de semejanza o de rasgos en común, extendiéndose hasta la posibilidad de la identificación (me identifico con ese colectivo? ¿lo identifico como representativo de un sector?); lo *indicial* organiza el contacto (¿me siento interpelado?); y lo *simbólico* normativiza y estructura lo generalizable, en todas sus dimensiones (¿qué clase de colectivo es? ¿está representada la sociedad o la ciudadanía? ¿es legítima esa atribución?). El eterno desafío de todo acto público y de toda puesta en escena de lo político es que la representación allí escenificada tenga el o los efectos esperados en el *tercero*, y que el *tercero* imaginado en producción coincida con el *tercero* efectivizado en reconocimiento. Por su parte, el orador tiene, como tal, una dimensión individual relevante: además de poder representar una posición y valores co-extensibles a un colectivo (partidario, institucional, ideológico, etc.), también encarna atributos y valores que lo han llevado a ocupar ese rol. Desde la mediatización radial y cinematográfica hasta la televisión, la dinámica individual de los actores políticos que cargan sobre sí un rol de liderazgo y representación no ha cesado de reconfigurarse. Pero, obviamente, ese carácter también se produce en virtud de una terceridad.

Ahora bien, ¿por qué repasamos estos lineamientos que en definitiva pueden resultar obvios? Porque es en función de ellos que en el registro audiovisual se producen las estrategias, tanto de los medios como de las posiciones políticas. Estas estrategias (pensadas para anticipar posibles lecturas en recepción) implican dos hipótesis superpuestas: la de la inteligibilidad del acto (empezando por definir la naturaleza de la relación entre quienes allí se encuentran), y la que implica un trabajo sobre la legitimación de la representatividad de los actores colectivos e individuales. Tal inteligibilidad y tal legitimación de la representatividad sólo se pueden ejercer como una lectura (o crítica) de la mediatización de

---

[5] En la teoría clásica de la comunicación, la distinción producción-reconocimiento se podría equiparar a emisión-recepción. Representamen e Interpretante, junto con Objeto, remiten a los tres términos que componen el signo para Peirce. Para la distinción teórica *producción-reconocimiento*, y su articulación con la teoría semiótica de Peirce, ver Verón (1988).

la puesta en escena del acto político. Digamos: todos los análisis políticos van a tratar o bien de ensalzar o bien de desmerecer ambas operaciones, y ello no puede hacerse sólo sobre el acto "puro" (sin mediatización) ni sobre la mediatización "pura" (sin considerar el acto) sino sobre ese híbrido complejo que es la puesta en escena mediática del acto político.

En el conjunto de actos televisados que se toman en este capítulo,[6] puede visualizarse que la dicotomización gobierno/campo tiene su contrapartida en los noticieros y cadenas de noticias (más) oficialistas / (más) opositores, donde respectivamente se trazan operaciones y estrategias bien diferenciadas de mediatización de los respectivos actos. Los canales más opositores al Gobierno (Canal 13, Telefé, Canal 9, Todo Noticias, A24, CNN) en esa frenética primera semana de discursos, utilizaban en su línea editorial el recurso de la pantalla dividida en dos: en una podía verse el acto de discurso de la Presidenta, y en la otra, imágenes de los ruralistas en los cortes de rutas, mientras los canales más alineados con el Gobierno conservaron la transmisión sólo del acto presidencial. Los epígrafes que acompañaban esas imágenes también se diferenciaban sistemáticamente: mientras los más oficialistas presentaban denotativamente a la oradora, sin aludir al contenido o al carácter de su discurso (Crónica TV: "Paro del campo: habla Cristina", Canal 7: "Cristina Fernández de Kirchner. Presidenta de la Nación", pero también Canal Rural: "Cristina Fernández de Kirchner. Presidenta de la Nación. En vivo desde Parque Norte" y América: "Directo. Habla Cristina"), en los más opositores titulaban con citas y fragmentos del discurso de la Presidenta ("CFK: Por ser mujer me iba a costar más", "Habla Cristina. 'Estamos discutiendo un modelo de país'", "Directo. Habla Cristina. 'Estoy orgullosa de este gobierno'") y referenciaban ambos escenarios ("Habla Cristina, el campo espera").

La importancia que tuvo la televisión en este episodio de la vida política argentina es central. Si se la contrasta con el medio radial (donde la transmisión de los discursos carecía de los recursos para las operaciones recién señaladas y de otras figuraciones fundamentales que se abordarán enseguida) y la prensa gráfica (refugio de la reflexión *ex post facto*), la centralidad del medio televisivo radica en que en él se transmitieron los discursos que funcionaron como núcleos principales de lo que se identificó mediáticamente como el conflicto entre el gobierno y el campo, y tuvieron allí lugar operaciones cruciales en el modo de producción de los diferentes actos y discursos durante las semanas de permanencia del conflicto en la agenda periodística. Desde el punto de vista de la puesta en escena del discurso político, se puede mencionar que la televisión posibilita dos grandes regímenes enunciativos.

Por un lado, el que se estructura sobre la base de la mirada a cámara (Verón, 1983). Este recurso construye propiamente una relación interpelación y contacto, vínculo (mediati-

---

[6] Los discursos de Cristina del 25, 27 y 31 de marzo, 1° de abril y 15 de julio, y los actos del sector ruralista (convocados por la "mesa de enlace") el 25 de mayo en Rosario y el 15 de julio en Palermo, Buenos Aires, todos en 2008 y televisados por los siguientes canales de noticias: Todo Noticias, A24, Canal 26, C5N, Crónica TV y CNN, y los canales porteños Canal 13, Telefé, Canal 9, Canal 7 y América.

zado) establecido a través del eje de la mirada. En la terminología de Peirce, esto remite a la *secundidad*: contacto entre dos. Mientras esta modalidad está en funcionamiento, el *tercero* (inherente a todo proceso semiótico) se pone al servicio de la secundidad, opera su cristalización. Vale decir: no tratándose de una configuración escénica (que consagra el sintagma teatral de *diá*-logo para un tercero fuera-de-escena), no hay espectador, sino sólo interpelado. Como se trata de secundidad afectada por la mediatización, la operación de la terceridad es la de *reimplante individual en el seno de un colectivo*. Si "yo" soy interpelado cuando alguien "me" habla y "me" mira desde la pantalla de televisión –fuera del caso de la psicosis, por supuesto– asumo que soy interpelado en mi carácter de *presunto*, no de *efectivo*; no es "a mí", individuo singular, a quien se dirige, sino "a mí" en tanto individuo-componente-de-un-colectivo y por lo tanto generalizable/generalizado. Este régimen del contacto es el que la televisión ha explotado sobre todo en noticieros, shows, programas de debate y demás géneros con conductor o presentador. En el caso particular del discurso político, la palabra oficial de los gobernantes ha aprovechado primordialmente esta operación mediante la Cadena Nacional.[7]

Por otro lado, están las presentaciones de actos donde se produce la figuración escénica *dialógica* orador-oyente. Esa figuración hace emerger la figura de un tercero. Ese tercero, por su posición fuera-de-escena, se constituye necesariamente como espectador. Sólo puede *además* "ingresar" a escena si se identifica o contra-identifica en los colectivos figurados como representativos/representados.[8] Esta doble base que posibilita el dispositivo televisivo se articula complejamente con la matriz del discurso político. Si se revisa la dimensión polémica, tal como la teoriza Verón (1987), el tercero del discurso político no es ni el copartidario, ni el opositor ni el indeciso o independiente[9]; es decir, ninguno de esos tres es *necesariamente tercero*. Lo de tercero se lo da su carácter de político como espectacular, y no lo de político como polémico. Por eso el tercero es ante todo *espectador* (lector, oyente, televidente) *generalizado* y por tanto *colectivo*. Sólo recién puede producirse esa compleja identificación con los actores de la escena, activada a partir de las representaciones de los colectivos que el discurso político mediatizado configura, en un espacio polémico.

La "máxima eficacia" tal vez se dé cuando un colectivo logra que todos los individuos se sientan interpelados. Pero, como dijimos, ese sería el caso del discurso de un funcionario gubernamental por Cadena Nacional, donde la mirada a cámara articulada con una invocación al colectivo *ciudadanos* genera un compromiso legalizado en una escala que tiende a coincidir con el imaginario del Estado mismo. Hoy en día quizás sea la pervivencia de la vieja televisión "generalista" que reclamaba Wolton (1990); pero también, esa doble su-

---

[7] Ver los capítulos 2, 3 y 7.

[8] No está excluida la posibilidad de permanecer en la zona de descrédito de la representatividad de esos actores o de la puesta en escena misma.

[9] En su clasificación de destinatarios del discurso político, Verón los llama pro-, para- y contra-destinatario, respectivamente.

perposición, tal vez en esta época corra con el riesgo de juzgarse anti-democrática. Esa configuración tiende también a la disolución de la dimensión polémica expresada en los tres colectivos de destinación: la palabra del funcionario afecta a todos los ciudadanos por igual, se esté o no de acuerdo. No está en juego una modalidad enunciativa que dé lugar a la validación, sino que se produce como un acto *performativo*.

En cambio, hay otros regímenes que no tienen el mismo efecto *performativo*. Por ejemplo, el *debate*, donde cada actor pone su palabra en equivalencia con la de su contendiente; la *entrevista*, en la que el periodista juega más o menos a representar la voz o las dudas del espectador-ciudadano; o la transmisión del *acto con público en escena y sin mirada a cámara*, donde el orador sólo invoca al oyente-fuera-de-escena por intermediación del público-en-escena, con los riesgos de "fuga" que ello implica.[10]

Sobre un caso de construcción y transformación de un colectivo.

La secuencia de los discursos alrededor de la resolución 125 presenta invariantes y evoluciones.

Empecemos por los primeros. Tanto los discursos del sector agropecuario como los de la Presidenta de la Nación suprimen toda interpelación vía mirada-a-cámara y se basan en una fuerte puesta en escena orientada al auditorio en presencia: ambos sectores han elegido la estrategia del *show* (y no la de la *interpelación directa*[11]). En las transmisiones de esos actos como condiciones de producción hay una consolidada serie de modalidades de figuración de estos actores (orador y oyente). El colectivo orador ocupa un sub-espacio 1 y se compone de individuos identificables y reconocibles. El número de los que toman la palabra es variable, pero funcionan como comitiva conjunta. El rango de figuración visual va del plano que focaliza en el orador de turno, al conjunto de individuos que lo acompañan. La gestualidad y la contigüidad física organizan un bloque cuyo grado cero es la armonía[12]. Cristina, única oradora o no, tiene naturalmente la última palabra, como indica el protocolo, y como marca la jerarquía, ocupando el momento central del acto. Para el caso del sector agropecuario como colectivo orador, hay que tener en cuenta que se trata de una aglomeración coyuntural de cuatro entidades, sin jerarquías: no es un partido ni un bloque unitario, y de hecho reúne a grandes y a pequeños productores circunstancialmente del mismo lado. Eso vuelve más significativo que sea el líder de la Federación Agraria Argentina (FAA), Eduardo Buzzi, el orador central del acto. La decisión sólo se puede com-

---

[10] Esta fue la modalidad más utilizada por Cristina a lo largo de su gobierno. Analizamos estas variantes en los cap. 1, 2, 5 y 7.

[11] Detallamos la diferencia entre *show*, *interpelación directa* y *intermediación* en el capítulo 5.

[12] Es recordada la disputa gestual (en cine mudo) entre el ministro de Economía Martín Lousteau y el secretario de Comercio Interior, Guillermo Moreno, en el acto del 1° de abril de 2008.

prender como táctica: Buzzi y la FAA aparecen en tal sentido como el bando del sector rural más próximo ideológicamente al sector oficialista, y como todo vértice, opera a la misma vez como punto de encuentro y punto de quiebre. Es, justamente, el modo vocativo de apelar a algunos colectivos al inicio de sus discursos, lo que marca más que una referencia, un *sentido para dirigirse a la multitud*: "compañeras y compañeros".[13] En tanto, en esos actos multitudinarios, el colectivo *oyente*, que ocupa el sub-espacio 2 frente al 1, es moldeado por la articulación entre la presencia física de los asistentes y el trabajo de la televisación de esos actos. ¿Cómo se construyen esos colectivos?

Las modalidades de la figuración de los colectivos están esquematizadas mediante tres tipos de planos *visuales* de diferentes escalas que traducen también instancias de diferente naturaleza, en una dimensión *icónica* (representación por ciertas cualidades) atravesada por operaciones *simbólicas* (el trabajo que también hacen las etiquetas verbales sobre lo visual). Estas variantes sólo pueden funcionar con el trasfondo del plano *generalizante* que operaría como el grado cero, constituyendo al auditorio como cuerpo colectivo, general. Ya sabemos, sin embargo, que el sentido se produce en las variaciones. En este caso, identificamos el uso de tres planos visuales: el generalizante, el grupal y el individualizante.

Plano generalizante.

Lo *masivo* emerge inevitablemente de un tipo de plano: el generalizante, habitualmente organizado por tomas panorámicas, por *paneos* o por vistas aéreas. El sentido de lo masivo es que se pone en escena un colectivo indiferenciado por definición.[14] La masa traba una relación con la instancia convocante o invocada (apoyo, reclamo, repudio, petición, etc.), y esa relación la califica. Otras de sus cualidades (cantidad, ubicación, comportamiento, capacidad de convocatoria o de organización, en apropiación simbólica de espacios públicos) se convierten en elementos que soportan la relación y la legitimidad del carácter representativo de los actores: la mostración visual de la cantidad, así como de los comportamientos grupales, es también tarea de la mediatización audiovisual de estas puestas en escena. La posibilidad de la construcción icónico-indicial de un colectivo masivo (entidad general, y por tanto, simbólica) depende todavía más que el individuo o el grupo, de su categorización por medios lingüísticos, en contextos que le atribuyen un rol genérico (actante de un

---

[13] En el acto del 25 de mayo en Rosario aclara: "compañeras y compañeros, como decimos en la Federación Agraria; amigas y amigos, chacareras y chacareros, pero en la Federación Agraria desde 1912 también decimos 'compañeras y compañeros' ¿me explico? Compañeros de compartir el surco".

[14] El intento de algunas masas expresadas por des-in-diferenciarse está directamente ligado a la historia de su mediatización audiovisual. Habitualmente se marca por las banderas de doble asta y otros soportes (estandartes, globos aerostáticos) de insignias partidarias, sindicales, sectoriales, etc., dispuestos para la escala de la mediatización (tomas panorámicas), donde los colores y otras señales toman el protagonismo, a sabiendas de que los cuerpos podían no ser soporte suficiente en la visualidad a gran escala.

relato o de una situación dialógica). El salto o traducción a una sustancia identitaria ("el pueblo", "la gente", "la ciudadanía") se dará verbalmente en disputas que reclaman la legitimidad de esa caracterización. Pero el cuerpo de la masa es un dato material insoslayable: lo fue siempre, pero los medios visuales y audiovisuales le dieron el efecto multiplicador de los saltos de escala espacial y temporal.[15]

Cuerpo brutal, indefinible, voluminoso, desbordante: como tal, la masa es inabarcable. Cuantitativamente, sus bordes son difusos, imprecisos, y su visualidad acrecienta la falta de límites al disponer imágenes en la que todos los cuerpos individuales se transforman en uno solo. Al igual que (como veremos luego) en el plano individualizante, el encuadre hace su trabajo, pero a la inversa que en aquel, el *fuera de campo* juega un rol constituyente[16]: no se ve dónde termina. La panorámica en picado, incluso la toma área, proveen la dimensión superlativa de la masividad.[17] Desde lo cualitativo, los componentes de un colectivo son indiferentemente homogéneos o mixtos. Esto es consustancial a lo masivo. Los colectivos que la discursividad política llama la *masa*, el *pueblo*, la *gente*, son contrarios a cualquier carácter compuesto, propio de las multitudes (Virno, 2003). Su construcción discursiva audiovisual se alimenta de esa indiferenciación.

Mientras el auditorio presente durante los dos discursos de Cristina en los salones de la Casa Rosada (25 y 31 de marzo) se mostraba alternadamente entre planos *grupales* e *individualizantes* (*identificando* entre los personajes a funcionarios, representantes sectoriales, dirigentes), en los dos actos de gran escala (en Parque Norte el 27 de marzo y en Plaza de Mayo del 1° de abril) es evidente que el actante es otro. La importancia de la masa es directamente proporcional al trabajo del plano generalizante –reforzado por el sonido ambiente– como constatación de la magnitud del acto y de la capacidad de movilización. La toma que da espesor y contundencia a lo masivo a veces es cortada por algún plano grupal que repara circunstancialmente en rostros del público, remitiendo a la imaginería del noticiero cinematográfico del peronismo histórico: el anciano o la anciana, figura de la fragilidad humana contenida en la sobrehumana muchedumbre, que escuchan conmovidos a su líder[18]. Otras veces, la televisación registra gestos de asentimiento en ins-

---

[15] Al respecto, algunas referencias insoslayables, como los análisis de Didi Huberman (2014), y en particular su remisión a las categorías de Arendt de *rostros, multiplicidades, diferencias, intervalos* (Didi Huberman, 2014:22). Otros trabajos más próximos pueden leerse en Mestman y Varela (2013) y Tabarrozzi (2016).

[16] El *fuera de campo*, el límite que no se ve, el desborde, es la retórica de estas aglomeraciones. En consonancia con ello, es ampliamente conocido el empleo de la panorámica en picado para evidenciar que un grupo no logra llenar un espacio: se ven sus contornos dentro de los límites del campo visual; como contrapartida, para disimular la escasez se emplea el descenso de la toma hasta ubicarse de modo que el horizonte quede cubierto por el conjunto. https://www.youtube.com/watch?v=13wQMNLBUM4 [Recuperado 07/06/2010] https://www.youtube.com/watch?v=ol4sem1G-Fo [Recuperado 07/01/2010]

[17] https://www.youtube.com/watch?v=13wQMNLBUM4 [Recuperado 07/06/2010] https://www.youtube.com/watch?v=ol4sem1G-Fo [Recuperado 07/01/2010]

[18] Algunos planos individualizantes para comparar en el discurso del renunciamiento de Eva Perón, 22/08/1951: https://www.youtube.com/watch?v=_OIHkEqJ99k [bajo edición del Instituto Tecnológico de Monterrey: 0'59"-

tancias en que la oradora hace afirmaciones importantes, y por tanto la situación de interlocución aparece encarnada también en esos cuerpos individuales, saturando la relación líder-masa.[19]

También conviene recordar que el sector rural, por su parte, en esa agitada semana con discursos y actos alrededor de las retenciones y de la legitimidad representacional de la ciudadanía, había sido visibilizado como nuevo actante ("el campo"). Su carta de presentación estaba certificada casi siempre por planos grupales acotados, tan dispersos en el país como en las pantallas. Portadores de cuerpos cuyos estilos eran inapelables signos sectoriales, ofrecían un retrato grupal del campesino contemporáneo.[20] Estaban discursivamente muy lejos de constituirse como la representación de "la gente", "el pueblo", "la ciudadanía", "los argentinos". Revertir esto acarreó la emergencia de un colectivo no *grupal* en los multitudinarios actos de Rosario y de Palermo. En ellos, se instala la visibilidad de un colectivo de otra escala, que clama por representatividad no sectorial. El comienzo del discurso de Buzzi en el acto del 15 de julio en Palermo es, en ese sentido, paradójico: su enumeración –algo *borgiana*,[21] y tan conceptual como visual– intenta abarcar, pero a la misma vez disecciona. El montaje en vivo de las cámaras compensa la clasificación con planos generalizantes de una multitud casi indiferenciada: sobre el fondo celeste y blanco unificador y sin representación partidaria, se hacen distinguir las banderas e insignias rojas del MST, en los planos generalizantes de la multitud. Luego, no es menor la importancia de las tomas sobre los edificios para la visibilización de un componente *vecinal*, que en el mapa urbano-social porteño, es indeclinablemente significativo: los residentes

---

1'04] y el discurso de Cristina en Plaza de Mayo, 01/04/2008: http://www.youtube.com/watch?v=ol4sem1G-Fo [Canal26: 1'10"-1'12"]; http://www.youtube.com/watch?v=LfOE4j6b0ww [CrónicaTV: 1'32"-1'34"].

[19] En los años siguientes, será notable cómo la mediatización del apoyo popular a Cristina no tendrá modificaciones importantes en lo generalizante, pero sí irá mutando la figuración a partir del plano grupal, con la presencia de los jóvenes y las familias con niños, disolviéndose poco a poco la figuración del peronismo cinematográfico de su era clásica, y apelando a la conformación de un nuevo actante político-militante: los *jóvenes*, tal como se describe en los capítulos 4, 5, 6 y 7.

[20] Por ejemplo, en la transmisión de Todo Noticias del discurso de Cristina del 31 de marzo de 2008: https://www.youtube.com/watch?v=I-go-zJ7bd8. [Recuperado 10/09/2009]

[21] Transcribimos: "Comp-...[en el inicio parece arrepentirse de decir 'compañeros']... amigas, amigos, chacareras y chacareros, compañeras y compañeros [dice esto último, cambiando hacia un tono concesivo, inclinando su torso y señalando con la mano a grupos fuera de campo, que ingresan a escena por el sonido, no por la imagen, con un aplauso en respuesta al vocativo 'compañeros'], legisladores, autoridades políticas, movimientos sociales, gobernadores y exgobernadores, transportistas, vecinos, amigos, estudiantes, jóvenes, comercio, ciudad de Buenos Aires, el campo, la ciudad, el edificio, los edificios que nos están acompañando y embanderaron los edificios que están siendo parte de esta imagen colectiva inolvidable e histórica, movimiento obrero organizado, a cada una y a cada uno de ustedes decirles que esta es una imagen que será inolvidable para cada una y cada uno de nosotros." [0'02"-1'10"] Es preciso hacer notar la proximidad casi seductora con el oficialismo, al decir prudente pero insistentemente "compañeros", y desagregar para casi todos los vocativos sus morfemas de género en femenino y masculino. También en el acto en Rosario, al identificar a una madre de Plaza de Mayo entre el público, corea junto a la multitud el clásico canto "madres de la plaza, el pueblo las abraza".

que saludan desde los balcones de los edificios de la avenida del Libertador. En estos actos, como en el de apoyo al gobierno en Plaza de Mayo el 1° de abril y el mismo 15 de julio frente al Congreso, la contienda por la representación general fue en términos del dispositivo *ocupación-del-espacio-público/mediatización-televisada.*

Plano individualizante.

Si bien los individuos identificables son las estrellas del sub-espacio 1 (los oradores), a veces se focaliza en algunos individuos del sub-espacio 2, cuyas respectivas fisonomías activan operaciones propias de la figurativización. El rango de posibilidades de este plano se puede describir según los dos tipos de interpretación que, para la fotografía en su dimensión icónica, ha deslindado acertadamente Jean-Marie Schaeffer (1990).

En su estudio sobre el dispositivo fotográfico, Schaeffer discrimina dos operaciones. A la primera la llama *reconocimiento*: quien se encuentra ante una imagen puede reconocer que "este es un X", donde "X" puede ser "hombre", "perro", "paisaje", "manifestación", etc., es decir, entidades o estados de hecho *genéricos*, sin necesaria identificación del individuo particular de esa clase "X". En buena medida, para ello basta con tener un saber sobre "el mundo" (ajeno al de esa imagen), que supone conocer el tipo de cosas o hechos que nos rodea. Luego, a veces es posible el paso a la segunda operación, la *identificación*: "este es …mi tío Roberto", …Eva Perón", …la explosión de Hiroshima", etc., es decir, se trata del paso de lo genérico a lo específico o singular. Cuando un medio periodístico, por ejemplo, prevé el riesgo de un no-paso del reconocimiento a la identificación por parte de sus lectores a partir de la información *icónica*, suele agregarse una información lingüística que activa dicha identificación, con un epígrafe o un comentario.

Entonces, encontramos que este plano televisivo posibilita, por ejemplo, identificar a fulano de tal. En el acto del sector agropecuario del 25 de Mayo de 2008 en Rosario, Eduardo Buzzi identifica a una Madre de Plaza de Mayo entre el público, la señala, la menciona (Darwina Gallichio), lo que es acompañado por un plano individualizante de la televisación.

Algo que se puede derivar del señalamiento de Schaeffer es que el plano individualizante puede construir dos tipos de entidades bien diferentes; es decir, puede producirse la identificación de alguien específico, plena individualidad, como en ese caso, mutuamente reforzado entre el orador y la dirección de cámaras, o bien puede identificarse un individuo que guarda rasgos estereotípicos, y como tal se lo figura como representativo de un colectivo. Más aún, en el caso analizado, sólo se advierte de quién se trata por un distintivo visual (el pañuelo blanco en la cabeza), y por la mención verbal de su nombre.[22]

---

[22] https://www.youtube.com/watch?v=B_iQ88xL9pw [Recuperado 07/06/2010; especialmente, desde 8'25"]

El sentido del plano individualizante con efecto de singularidad corresponde al género del retrato individual testimoniante, que no dice apenas *este es X*, sino *X está/estuvo en el acto*, cuya derivación es una aserción de posicionamiento: *y por tanto sostiene (apoya/repudia/reclama) esta causa*. Luego, será el colectivo como conjunto el que teñirá con sus matices esa presencia individual, o a la inversa. Por su parte, el del plano individualizante con efecto de rasgo de conjunto (el caso de los estereotipos de la anciana, del obrero, del sindicalista, de la familia con sus niños de la mano, etc.) está en el límite con el retrato grupal.

Plano grupal.

Remitiendo también a una dimensión colectiva, la escala intermedia de lo *grupal* tiene un valor diferenciatorio. Recorta un grupo donde los que se resaltan son rasgos tipológicos generales, identificatorios de un *grupo parcial*, no necesariamente extensible a la masa de oyentes: características de género, de edad, raciales, partidarias o de facción, etc., pero también estilísticas, que traducen pertenencia partidaria, de clase o de sector social. Es decir, este plano posibilita el reconocimiento icónico de rasgos o atributos que se vuelven visibles porque están inscriptos en los cuerpos o en sus atavíos, consignas o símbolos partidarios localizables con un plano necesariamente cercano. En el conjunto de lo analizado, es altamente significativo cómo se figura al colectivo ruralista por sus vestimentas, sus camionetas y su locación desde los cortes de ruta en el campo. Como ya dijimos, esto es lo que se verá transformado con la mediatización (sobre todo, televisada) de los actos urbanos en Rosario y Palermo.

La diferencia con el plano individualizante no es en verdad de grado sino de cualidad: aun cuando en este plano se incluya igual o mayor cantidad de individuos que en el anterior, el *grupal* activa sobre todo el salto conceptual del individuo al grupo, y por tanto, del reconocimiento icónico-indicial a la identificación icónico-simbólica. A menudo, este salto también es reforzado desde lo verbal. Este es un paso diferente del que sugiere Schaeffer (del reconocimiento a la identificación): a partir del reconocimiento que permite la pregunta por la identificación individual ("¿Quién es este individuo con aspecto de campesino?") se propone la *identificación de una clase* ("Este individuo no es nadie *en particular*: son *los* campesinos").

Como ejemplificación de estos dos tipos de planos se destaca la evolución de los modos de escenificar los discursos de la Presidenta durante la tensa semana de finales de marzo. En sus emisiones, algunos canales de noticias incluyen imágenes de los ruralistas escuchando atentamente mientras habla la Presidenta, de un modo *general*: se ven grupos, a veces una multitud, predominantemente de espaldas a la cámara, y cuya única posibilidad de identificación se establece a partir del epígrafe "Directo-Entre Ríos" (25/3, Canal 26). En la emisión de Todo Noticias del discurso desde Parque Norte, bajo un gran título ("Habla Cristina, el campo espera") se divide la pantalla en dos partes: por un lado en diferentes planos individualizantes se muestra a la Presidenta y a sus co-partidarios ("Vivo-Parque Norte"), y por el otro en *planos grupales* a individuos o pequeños grupos de personas que se presentan, según el epígrafe: "Vivo los cortes siguen el discurso", "Habla Cristina. El campo espera"). Los dos epígrafes menores trabajan sobre la localización. Se construye así un espacio público-político cuyos sub-espacios enfrentados sólo coexisten televisivamente. Por su parte, el epígrafe general reafirma la configuración complementaria del espacio escenificado, a la vez que designa los actores en cuestión: "Cristina", por un lado, y por el otro, en *plano grupal,* "los cortes", remitiendo a un colectivo ("El campo"). A medida que fueron avanzando los discursos y estas emisiones televisivas, se produjo una transición sumamente importante para el relato de este conflicto: el *plano grupal* que mostraba, en un recuadro más pequeño dentro de la pantalla de los canales que emitieron el vivo el discurso, a diversos grupos de personas del sector rural durante el discurso de Cristina del 25 de marzo, dos días más tarde se fue alternando con el encuadre sobre en *un individuo de aspecto campesino entre muchos otros* del sector rural que respondieron negativamente con gestos frente a las cámaras al pedido de la presidenta de levantar la medida de fuerza.[23] La emisión del discurso del 31 de marzo por el canal A24, expone el resultado de un proceso de trabajo audiovisual progresivo. El sub-espacio de los oyentes en ausencia se construyó esta vez directamente con un plano *individual*. Alfredo De Angelis, ahora sí reconocible dirigente sectorial de la región entrerriana, no sólo apareció en un plano individual durante todo el discurso presidencial, sino que ocupó nada menos que la otra mitad de la pantalla que contenía a la Presidenta y al resto del acto en Casa de Gobierno. Esta configuración, por ende, no sólo arbitró un lugar de representatividad a De Angelis diferente del que se le daba en los días previos, sino que éste alcanzó durante todo el discurso de la Presidenta el rango de virtual interlocutor. Un contrapunto *in vitro*, que nunca tuvo lugar "físico", cara a cara, que emergió en la pantalla y sólo para un tercero, el espectador-ciudadano, que contempló ese discurso presidencial y esa gesticulación respondedora como una verdadera disputa política *in vivo*.

Un lenguaje que hace colectivos.

Los colectivos que forman parte de la escena de un acto político están contorneados por el lenguaje que los mediatiza. Los planos y las transiciones entre tipos de planos que describimos son parte sencilla pero determinante de la retórica audiovisual que, desde hace

---

[23] Conviene refrescar la invocación verbal de los colectivos en el pedido de Cristina: "Yo quiero convocar a todos los argentinos al diálogo, pero fundamentalmente al sector corta caminos, algunos que todavía no han levantado la medida de fuerza. Yo les pido, humildemente, como Presidenta de todos los argentinos, y en nombre de todos los argentinos, levanten el paro para entonces sí dialogar. Levanten el paro." En la transmisión de Todo Noticias, del 27/03/2008 (cuarta parte, 2'30"-3'08") se aprecia a varios de los campesinos haciendo el gesto de la negativa al pedido, entre ellos Alfredo De Angelis.

aproximadamente un siglo, viene dando sustancia y espesor a los colectivos políticos. Es evidente que para el sector agropecuario su evolución fue definitoria de una posición política; a tal punto que éste llegó a aligerar el valor de su propia voz como una fuerza que reclama un interés específico para recargar su voluntad de asumirse como la fuente de un movimiento por un modelo de país, diferente al del gobierno. Por su parte, Cristina —como veremos en otros capítulos— forjará también su potencia mediante el sostenimiento cuantitativo de la presencia de multitudes en sus actos, y en la mutación identitaria de sus seguidores, lo que hubiera sido irrealizable y estéril sin su televisación. Es curioso que, mientras en el ámbito periodístico o en el político se discute sobre la legitimidad y la representatividad de esos colectivos, sobre su espontaneidad o su autenticidad, nadie duda en recurrir a ellos como constituyentes discursivos de un acto político, ni del carácter imprescindible de su mediatización para que tome estado público.

CAPÍTULO 5

El cuerpo de Cristina. Espectáculo de intimidad, amor, enfermedad y muerte (2011-2015).

Gastón Cingolani (2015)

Cuerpo gobernante y puestas en escena audiovisual.

En occidente, el cuerpo del gobernante ha sido, por siglos, condensación y transición entre lo sagrado y lo profano, lo celestial y lo terrenal, lo divino y lo natural, lo espiritual y lo material, y también lo público y lo privado, como nos lo recuerda el clásico libro de Kantorowicz ([1957] 2012). Los sistemas estatales modernos no se despojaron de esas condensaciones; sólo establecieron otros tránsitos y materializaciones.

Durante el período de mediatización predominantemente impresa, lo simbólico de la figura del gobernante (su investidura institucional) prevalecía por encima de aspectos tales como su personalidad, su corporalidad, su ánimo y otros datos que eran arduamente representables por la palabra. Con la mediatización masiva de dispositivos sonoros y visuales (la fotografía, la fonografía, el cine, la radio y la televisión), el cuerpo de los gobernantes pudo ser mediatizado en otra clase de condiciones por cualidades e indicios,[1] transformándose en materia discursiva: creció en importancia la incorporación de aspectos representacionales (icónicos) de sus cualidades anímicas como de su identidad social, rasgos que emanan de la voz, de su semblante, de los gestos, de su compostura. Del mismo modo, se transformaron los operadores corporales de contacto (índices), incrementando y complejizando sus signos de cercanía, singularización y despliegue existencial. Digamos, en resumen, que se pasó de una figura escasa o nulamente corpórea, regida genéricamente

---

[1] En la teoría semiótica de Peirce, las operaciones de sentido son, centralmente, de tres tipos: iconos (operadores de semejanza, resaltan cualidades de su objeto representado), índices (operan por contigüidad existencial en relación con un objeto concreto) y símbolos (representan de manera general un objeto por ley o convención). Cf. Peirce, [1894] 2012. Hacemos frecuente referencia a estas operaciones para caracterizar las dominantes de los diferentes productos emanados de tecnologías y soportes mediáticos. Los medios impresos hasta finales del siglo XIX eran medios de la palabra escrita, con muy baja intensidad en lo indicial y lo icónico. Coincidiendo con la aparición del cine (predominantemente icónico) y la radio (medio del contacto indicial), la prensa también se volvió más compleja, y la palabra convivió con las imágenes del cuerpo.

por atributos que prescinden o reducen al mínimo toda cualidad y presencia específica, a una figura de lo singular, rebosante de casi todos los mismos signos con que interpretamos, en la vida cotidiana, a los cuerpos de los otros con los que convivimos (Goffman [1959] 1981, [1971] 1979; Sennett, 1978; Verón, 1987).

En esa reconfiguración del contacto entre gobernante y ciudadano, la mediatización proveyó más de un régimen o modalidad, considerando que siempre la estrategia discursiva gubernamental se articula (se negocia, se subordina, se solapa) con las condiciones discursivas de los medios. Así, todo contacto mediatizado entre gobierno y ciudadanos es una puesta en escena (Verón, 1989) y por tanto, puede ser analizado como estrategia enunciativa.

Entonces, si los cuerpos de los gobernantes siguen siendo espacios de condensación y de transición, ¿qué es lo que condensan? ¿y cuáles son los espacios que esos cuerpos permiten atravesar?

Cristina como gobernante presenta genéricamente las condensaciones que no pueden evitarse en un cuerpo: figura humana identificable con un sinfín de rasgos y dimensiones sociales, culturales, políticas, de género. Particularmente, este último rasgo se impone y se antepone: una mujer en un rol de presidente es un cuerpo que irrumpe y que destella.[2] En el límite, se podría decir que, mientras un presidente masculino es –por norma, por historia– un cuerpo no-marcado, una figura presidencial mujer porta un cuerpo marcado por su condición de género. De modo que el resto de los rasgos serán variablemente modalizaciones regidas por su condición femenina[3], que revelará luego su clase, su personalidad, su *mood*. Esas condensaciones inevitables y subsumidas a lo femenino van a establecer las transiciones. ¿Qué transiciones? Una lista, *a priori* no exhaustiva y sin orden jerárquico, debe considerar el paso entre lo público y lo privado, entre lo individual y lo colectivo, entre lo institucional y lo personal, pero también entre su "adentro" y su "afuera", entre su racionalidad y su pasión, y seguramente, entre su potencialidad y su deseo.

¿Son relevantes las transiciones entre estas dimensiones? Por supuesto: no podemos hacernos los distraídos, todos estos asuntos fueron tematizados hasta el hartazgo por sus detractores, tanto como por sus defensores, y como si fuera poco, por ella misma. Pero aquí, esas transiciones nos interesan en la medida en que se trata de un cuerpo cuya mediatización televisiva, específicamente, ofrece la conjugación entre un devenir espacio-temporal y otros aspectos que habitualmente llamamos "naturales", con una gramática mediática y política que parece efecto de todo lo que obedecería al cálculo premeditado,

---

[2] Vamos a tratar con mayor detalle éstos aspectos en el capítulo 7.

[3] No puede soslayarse la tesis de la mujer como *espectáculo* (como lo que se da a ver) esbozada por Berger ([1972] 2008) en la historia de las artes visuales occidentales, más por sus bordes que por su meollo, que el autor hace notar.

incluso, contra-natura. La tensión entre lo que le acontece a ese ser, incluyendo su cuerpo "biológico", su personalidad "anímica", como su investidura "institucional", y su liderazgo "político", es atravesado por una narrativa mediática en un dispositivo como la televisión que se acopla con el parámetro "natural" de la captación del tiempo, del espacio y de los cuerpos.[4]

¿Por qué nos arriesgamos a meternos en los pasadizos entre lo natural y todo lo otro, si con la transición público-privado ya teníamos suficiente? Porque, como veremos, son necesarios para analizar el sentido de las puestas en escena de un cuerpo gobernante que actúa (pone en acción) un contacto con otros cuerpos también presentes en la escena, y con todos aquellos que no lo están. Del cruce de los ejes *público/privado* y *devenir natural/estrategia calculada*, derivan efectos tan contundentes en lo político como la *confianza*.

Entonces, el rodeo que vamos a hacer, apunta a observar en qué medida la intervención del cuerpo de los gobernantes no cobija también en potencia la irrupción de lo privado en la estrategia discursiva, lo que comprende aquello que tiene de condicionante no calculado. En esta oportunidad, ciertos episodios de las estrategias de puesta en escena empleadas por Cristina mientras fuera presidenta de Argentina, ofrece inmejorables casos de estudio para comprender su propia historia como la de las mediatizaciones de lo político.

El show de Cristina.

Como ya contamos en el capítulo 2, Cristina adoptó una modalidad que se contrapuso con el hasta entonces consolidado régimen del uso de la mirada a cámara por parte de los presidentes para dirigirse, en un mismo y único acto discursivo, a ciudadanos y receptores. En el régimen de lo audiovisual, la sustancia discursiva de lo político articula palabra, cuerpos y espacios, en un lenguaje complejo y preciso a la vez. Particularmente, la puesta en escena televisiva articula una enunciación consistente en una suerte de "diálogo" entre un *primero* y un *segundo*, pero tiene como principio regulador al *tercero* construido en esa escena (capítulos 4 y 5). Esos roles (primero, segundo y tercero) pueden ser intercambiables según la modalidad enunciativa desarrollada en cada estrategia discursiva político-mediática.

Hay tres grandes regímenes televisivos sobre los cuales se establecen las distintas estrategias de los gobernantes: el de la *interpelación directa* por mirada a cámara, el que funciona por *intermediación* y el que sigue la lógica del *show*. Cada régimen tiene sus fundamentos y características:

---

[4] Al respecto, recomendamos las interesantes conceptualizaciones de Carlón (2008, 2012) sobre los vínculos entre los dispositivos de mediatización y "la naturaleza".

- La *interpelación directa*: si bien la operación del contacto inter-ocular ("los ojos en los ojos") está en el contrato televisivo fundacional, no ficcional, en general es monopolizado por los presentadores y periodistas que llevan adelante la relación entre la institución mediática y los espectadores. Los invitados o entrevistados, incluso los columnistas o panelistas de un programa, muy raramente miran a cámara: su mirada se dirige al presentador o conductor, que es quien comanda el vínculo con el espectador. Sin embargo, los gobernantes han hecho uso de este dispositivo de la mirada desde el lanzamiento mismo de la televisión[5] para dirigirse a la población de manera masiva. El cuerpo del gobernante, mirando a cámara y situado en un espacio-sinécdoque de su figura institucional (despacho, escritorio, residencia oficial), interpela directo al receptor televisivo en tanto ciudadano. La relación de contacto es *efectiva*, y los dos cuerpos (el del gobernante y el del ciudadano) se contactan a ambos lados de la pantalla en un espacio extra-mediático, como si la conexión solo estuviera facilitada por el dispositivo tecnológico, sin intervención de la institución mediática. Esta modalidad de interpelación directa del gobernante fusiona al *tercero* con el *segundo* de ese discurso, es decir, el espectador es incorporado a la escena en una especie de fuera de campo no ficcional, quedando ambos (espectador y ciudadano) acoplados en un mismo cuerpo.[6] Es interesante el hecho de que el cuerpo presidencial es el único que, además de las transiciones que opera sobre esferas distintas (público/privado, Estado/gobierno, Ley general/praxis individual, etc.) cuando mira a cámara, también puede activar sobre el cuerpo del interpelado, la transición del espectador en ciudadano. Cristina, eligió durante bastante tiempo, evitar este régimen. Sin embargo, como veremos más adelante, lucirán las excepciones.

- La *intermediación*: las entrevistas y los debates son los formatos televisivos habituales mediante los cuales los gobernantes y la gran mayoría de los actores políticos entran en contacto con la ciudadanía. Allí, el actor político conversa con otros actores políticos y periodísticos, en un espacio escénico y discursivo propiamente mediático.[7] La operatoria enunciativa de esta modalidad se basa en que el periodista, moderador o conductor, ya sea de forma individual o colectiva (dúo, trío o panel de periodistas, especialistas u ocasionales intervinientes), va a ejercer discursivamente el rol de intermediario entre el político y un *tercero* (por ahora, digamos, espectador y/o ciudadano). En esa intermediación, además, asume una voz, pero es una voz que parpadea: ¿en nombre de quién habla el periodista: del espectador, del ciudadano, del medio, de la institución periodismo? ¿y cómo

---

[5] Incluso antes, si consideramos que la radio promovió ese contacto directo, pleno, con los oyentes-ciudadanos, aunque sin poder mirarlos a los ojos. (Traversa, 2012).

[6] En el caso argentino, esto se completa con condiciones legales y tecnológicas de la circulación, tal como se detalla en el capítulo 2.

[7] Para una taxonomía y caracterización precisa de los tipos de conversación en el medio televisivo, v. Martínez Mendoza, 2006.

habla: interroga, cuestiona, consulta, sugiere, propone, contrapone? ¿el político puede abandonar la representación de la voz del ciudadano que lo votó o que lo respalda, y dejársela al periodista? No caben dudas de que esta modalidad tiene para el político el riesgo conocido de caer en la agonística, donde la amalgama entre palabra y cuerpos es el vehículo de las relaciones de lucha por el dominio de la escena, sobre un espacio que contiene y condiciona el carácter de esa lucha: el periodista casi siempre hace de local, y el político buscará casi siempre apropiarse de la escena. En esta circunstancia, *primero* y *segundo* pueden volverse intercambiables en una relación dinámica[8] (dependiendo de quién domine la escena, si el periodista o el político), mientras que el *tercero* –nulamente materializado o encarnado– es la voz por la cual se pugna representar. Es conocido (y se ha criticado hasta el hartazgo) que Cristina también evitó este régimen,[9] ofreciendo muy pocas entrevistas y conferencias de prensa durante su presidencia.

- El *show*: recuperamos la denominación de un régimen que tiene una larguísima historia en la televisión, y que en absoluto implica una caracterización peyorativa: por el contrario, está debidamente tipificado como un régimen enunciativo (Barreiros, 1997; Cingolani, 2006). Con esta modalidad, el cuerpo del gobernante se dispone en su discurso para un auditorio que también está presente en cuerpos visibles y audibles, sobre los que posa su mirada en la misma espacialidad. Este auditorio es el destinatario claro del contacto intercorporal, y su rol de *segundo* no es reversible con el del *primero*.[10] A su vez, tampoco el *segundo* (el público en escena) se confunde con el *tercero* (el espectador de televisión), ya que el espectador mediático sólo puede (en el mejor de los casos) "sentirse representado" con el destinatario directo del contacto, pero quedará siempre fuera de escena, pudiendo reingresar sólo bajo ese ejercicio de identificación imaginaria (Cingolani, 2012; Valdettaro, 2014). Al igual que en la modalidad anterior, los cuerpos que interactúan en esa escena forman parte de un espacio intramediático, aunque el acto pueda realizarse en una espacialidad extramediática (Cingolani, 2006). Cristina, durante su presidencia, empleó sistemáticamente el régimen *show* para dirigirse a la población.

---

[8] En términos de la teoría de la comunicación humana, se podría decir que se construye una relación complementaria (uno es entrevistador; el otro, entrevistado) que a veces vira hacia la simetría (enfrentamiento entre contendientes). (Bateson, 1991; Watzlawick, Beavin y Jackson, 1971).

[9] Se cuentan solamente una entrevista con la actriz Soledad Silveyra en mayo de 2009, y el ciclo de charlas con diversos entrevistadores, en septiembre de 2013, que quedó trunco por su intervención quirúrgica, pudiendo sólo concretar algunas con Hernán Brienza y Jorge Rial.

[10] En la terminología de Bateson (1991), la relación entre ambos comunicantes es *complementaria*, es decir, se relacionan en función de una diferencia de roles.

Régimen	*Interpelación directa*	*Intermediación*	*Show*
Contacto intercorporal	mirada a cámara	mirada al conductor	mirada al auditorio presente
Esquema de posiciones	mirada a cámara Primero (gobernante) Segundo y Tercero coinciden: el ciudadano es espectador y viceversa	Primero y Segundo (gobernante y periodista o conductor) se intercambian roles. Tercero (espectador/ ciudadano) está afuera	Primero (gobernante) se dirige al Tercero (ciudadano) por intermedio del segundo (auditorio presente) y por lo tanto, el Tercero es ante todo espectador
Tipo de vínculo	1° y 2°/3°: complementario: gobernante habla al ciudadano	1° y 2° son intercambiables: periodista entrevista al gobernante, pero éste busca persuadir a aquél y (confrontando o consensuando) se simetrizan. 3° excluido	1° y 2° complementario: gobernante habla al auditorio. 3° excluido (el ciudadano se hace espectador)

En Argentina, los políticos que no son gobernantes sino candidatos o representantes de movimientos opositores, deben articular sus estrategias discursivas con la *intermediación* periodística, a veces en confrontación con otros personajes políticos, en programas de entrevistas, debates, etc. Esporádicamente tienen la oportunidad de dirigirse a la población mediante la transmisión de actos públicos o eventos partidarios, en escenas con un auditorio copresente (*show*)[11] o en *spots* de campañas electorales de una manera cercana a la modalidad *interpelación directa*, pero demasiado marcada por el discurso publicitario, porque son mensajes grabados, guionados y editados: es difícil no encontrar allí un híbrido con la ficción. Al menos en Argentina, sólo los presidentes tienen un acceso regulado pero discrecional al régimen de la *interpelación directa*.[12]

---

[11] Analizamos el cruce de discursos y actos de 2008 en Argentina en Fernández y Cingolani, 2010; también en el capítulo 1 analizamos la mediatización del cierre de campañas de Cristina y Chiche Duhalde.

[12] Para ver el modelo contacto en otros presidentes argentinos: presidente De la Rúa (9 Junio 2000) http://www.youtube.com/watch?v=Ixe7HQ4jqAY [Recuperado: 01/09/2009]; presidente Duhalde (8 Febrero 2002) http://www.youtube.com/watch?v=aNR0dtHAQwE [Recuperado: 01/09/2009]. Néstor Kirchner (4 Junio 2003) https://www.youtube.com/watch?v=CWb2mVyPnYc [Recuperado: 18/09/2014]

Muerte, enfermedad: cuerpo presidencial y límites enunciativos.

Desde el inicio de su presidencia, la estrategia audiovisual de Cristina consistió en el uso casi excluyente de la modalidad *show*, dejando la *interpelación directa* sólo para ocasiones extraordinarias. La primera de estas ocasiones excepcionales fue su inmediata aparición después de los actos fúnebres por la muerte de su esposo, el ex presidente Néstor Kirchner. El 1° de noviembre de 2010 a las 20:30 se emitió por cadena nacional un mensaje grabado por la Presidenta unas tres horas antes. Con una nueva puesta en escena y un cambio de estrategia muy marcado, aparece en su despacho a solas, sin auditorio, mirando a cámara y dirigiéndose a la población visiblemente conmovida y triste. Sobre el escritorio, el movimiento de sus manos anima una caricia de autoconsuelo, y en su rostro se percibe un esfuerzo para sonreír y mostrar entereza. Su voz a veces tiembla, se escucha grave y muy cercana. En contraste con su habitual disposición –enérgica, estridente, conductora, generadora de un voluminoso espacio a su alrededor, plasmada enunciativamente en televisión bajo una modalidad *show*–, el tono anímico está en una escena de otra escala, clara e íntima,[13] centrada en el *contacto directo*. Enunciado y enunciación cambiaron al unísono.

La variación de estrategia repone en el seno de lo público una dimensión no prevista ni siempre provista en la figura del gobernante: el estado de ánimo. El cuerpo es soporte y sustancia de ese estado, y se transforma en el pivote de la flexión estratégica. ¿Cuál es el límite enunciativo? Como sabemos, la enunciación no opera por valores absolutos sino relativos a un terreno que va siendo configurado por el sedimento histórico de la discursividad.

El cuerpo –mediatizado o no– es soporte discursivo de una gran cantidad y complejidad de signos que representan estados anímicos, y éstos a su vez, valores, actitudes, intereses, intenciones no necesariamente expresadas por medios verbales. Estos signos no están codificados, su eficacia está en la espontaneidad y en la ligazón estrecha con la personalidad del individuo.[14] Por ello mismo requiere una lectura más sofisticada, más exigente de los otros, a veces facilitada por el hábito cultural, otras veces por el conocimiento de la historia personal. El horizonte límite es lo que en reconocimiento se concebiría como *sinceridad*. Estos signos son opacos, ya que sus referentes (las pasiones e intereses del sujeto) no son asequibles de manera directa por los demás. En la estrategia presidencial, esta dimensión se hace marco: si la amplitud trabajada por la ampulosidad espacial, la altisonancia y el auditorio concurrente, componen la gramática de producción de los discursos

---

[13] Un *ir-y-venir* entre lo íntimo y lo público fue una dinámica rotundamente característica de la estrategia discursiva de Cristina a lo largo de su presidencia. Conviene complementar nuestro análisis con el de lo "íntimo" como modalidad enunciativa que Gindin (2016) identifica, a partir de elementos lingüísticos, como importante en la estrategia discursiva de Cristina como presidente.

[14] Sobre esta problemática y sus discusiones, remito a un trabajo que sintetiza un momento crucial de la investigación sobre conducta no verbal, Ekman y Friesen, 1969, y en especial el "Apéndice" de Ekman y el "Comentario" de Verón.

en situación de "normalidad", por encima de cualquier circunstancia de índole personal, la puesta en escena de un cuerpo cercano y nítido es el gesto que enmarca la autoexposición cruda. La sinceridad no como emanación anímica, sino como clave de lectura, como *frame* (Goffman 1974), como metacomunicación (Bateson, 1991; Watzlawick, Beavin y Jackson, 1971).

Las bases del cambio de estrategia contaban con un antecedente cercano, durante la transmisión de los funerales de Néstor Kirchner. En el interior de la casa Rosada, la familia Kirchner (Cristina, sus hijos Máximo y Florencia, Alicia –la hermana de Néstor–, y Ofelia –madre de Cristina–), reciben junto al ataúd a quienes llegan a saludar. Los políticos más cercanos conforman una suerte de escolta de la familia. Planos individualizantes o grupales[15] muestran a todos en un delicado equilibrio corporal y anímico entre la tristeza y el estoicismo, con sus rostros afectados, inéditos, explícitos. A veces conversan entre ellos. Cristina, con grandes anteojos oscuros, que le cubren buena parte de la cara, pasa horas acompañando el féretro, alternando la postura de pie y la vigilia sentada.[16] Los visitantes desfilan hasta el infinito; algunos son saludados con recato y desde lejos por la familia, otros reciben un abrazo o el estrechamiento de manos por parte de Cristina. Las manos, las de Cristina, las de sus hijos y su hermana acariciando el cofre de madera en el que se encuentra Néstor, son la emanación más visible de cuerpos dolientes, sensibles, asomando detrás de la compostura.

La muerte del ex presidente –y figura fundamental del gobierno de Cristina– es, materialmente, la misma muerte que la de su esposo, su "compañero": fatal condensación de una instancia pública y otra privada, una política y otra personal. Como sea que Cristina transite anímicamente esa circunstancia, su figura corpórea será signo *público* de la fusión de ambas instancias. El dolor privado, será leído o vislumbrado en el cuerpo de Cristina como la medida o condición de la figura pública presidencial. *¿Qué clase de persona es nuestra presidenta?*

Es en este contexto que pocos días después, el 1° de noviembre de 2010, Cristina empleó por vez primera la modalidad enunciativa de la interpelación directa. Capitalizar una modalización enunciativa requiere tiempo para establecer los rasgos identitarios del propio discurso.[17]

Luego de aquel mensaje, volvió a la modalidad *show*, pero sostuvo por un período prolongado, el acompasado restablecimiento del duelo, que recién abandonó en febrero de 2014. Durante todo ese periodo de salida del luto, la "performática del cuerpo presidencial" de Cristina, como señala Valdettaro (2014), transita sin embargo un estado de tensión erótica, que contrarresta o equilibra estratégicamente las pasiones tanáticas de la viudez y la enfermedad.

---

[15] Especificamos la diferenciación de planos, y su importancia discursiva, en el capítulo 4.

[16] Algunos fragmentos pueden verse en Youtube: https://www.youtube.com/watch?v=bm0ki3u6jjM [Recuperado 06/02/2015] https://www.youtube.com/watch?v=bVflylEVwAo [Recuperado 06/02/2015]

[17] https://www.youtube.com/watch?v=fnvsT5IymHA [Recuperado 06/06/2011]

Tres años después de la muerte de Néstor, la presidenta sufre un accidente por el que queda obligada a mantener reposo sin actividad pública durante cuarenta y siete días. Especulaciones, rumores e imágenes furtivas decoran la transición de lo privado a lo público. Su reaparición, el 18 de noviembre de 2013, se produce mediante la publicación de un video en su cuenta de *Twitter* (@CFKArgentina) en el que se dirige a la población desde el living de la residencia oficial. El video, como tal, es una pieza absolutamente anómala en la enunciación presidencial: tiene las características de un video casero, privado, con tomas, montaje, salidas de campo, cortes y recursos que explicitan la realización doméstica por parte de su hija que es estudiante de cine: "Florencia, ¿podemos empezar?"[18]. Más allá de que esos recursos audiovisuales ya conforman una gramática (hay cine hollywoodense, series comerciales y profesionales que los emplean), y de la cuidada realización del mismo, el modo enunciativo busca sortear la paradoja de lo auténtico, poner en escena la no-puesta en escena. Otra vez: lo privado es una modalidad enunciativa de lo público, el lado marcado de la publicidad de lo discursivo. El límite enunciativo de lo sincero mediante la representación fresca, espontánea, de la humanidad de alguien que se muestra (como) *en casa*, es decir, en la suspensión de todo protocolo público: *si quieren ver que estoy bien, que sea sin el armazón de las reglas de la oficialidad.*

Los embates periodísticos apuntaron durante todo ese tiempo a su política de estado tanto como a su humanidad corporal (física y psíquica). Ante ello, Cristina no retrocede sino que tiene una estrategia con el cuerpo como el principal operador significante: "El poder, entonces, dice Valdettaro (2014: 153), principalmente, como una manera de poner el cuerpo, performance que remite a la preeminencia icónico-indicial –nivel del contacto– reforzada, siempre, por la identificación o contra-identificación simbólica: las palabras de la presidenta denominan, primariamente, acciones del cuerpo." En esas dos reapariciones, Cristina eligió tematizar sobre sí misma y sus circunstancias complejamente privadas y públicas –duelo, enfermedad–, asumiendo una modalidad de *contacto*. Y –podemos ver gracias al trabajo de Valdettaro (2014: 133 y ss.)– que esa estrategia de contacto mediatizado no sólo se produce por la mirada a cámara: también la dimensión performática mediatizada es un ejercicio primordial, en la que el cuerpo es tema y operador significante.

Eros y thánatos: Espontaneidades del amor y de la muerte.

Espacios abiertos, inmediaciones y calles aledañas a la Casa Rosada están decorados por filas de personas que a su alrededor esperan para ingresar a despedir a Néstor Kirchner. Por los pasillos interiores del palacio presidencial avanzan personalidades reconoci-

---

[18] https://www.youtube.com/watch?v=X6176iSszGM [Recuperado 18/09/2014]

das y ciudadanos anónimos para ingresar al Salón de los Patriotas Latinoamericanos donde los restos de Néstor descansan. La impecable puesta en escena de la transmisión, como un fuelle que abre y cierra, alternó la apertura de grandes panorámicas de los alrededores, con el acercamiento íntimo al encuentro personalizado. Los planos generales de las muchedumbres en la Plaza de Mayo o en las calles, se alternan con otros que muestran, de cuerpo entero, a quienes ingresan al recinto en el que la familia Kirchner recibe saludos y condolencias, y el mueble que contiene al ex presidente, las despedidas. Justo allí, un juego crudamente compuesto de gestos (más o menos contenidos, más o menos liberados) y miradas cruzadas con los deudos, domina la escena, algunas veces bordada por clamores de ánimo o incluso de consignas políticas. Es el núcleo central de la televisación extensa, completa y en directo de los funerales. La acción discursiva de corporeizar los colectivos es radicalmente diferente a la de los cuerpos de los gobernantes.

Si bien la figura del presidente u otro cargo gubernamental está fundada en un principio de orden institucional, toma cuerpo y se encarna en personas individuales e individualizables. Aunque eso acarrea otros problemas y tensiones[19], el cuerpo gobernante no deja de ser producto afín al carácter primordialmente indicial e icónico del dispositivo televisivo y su lenguaje.

Por el contrario, a excepción de algunos agrupamientos empíricos, con referencias individualizables, los colectivos invocados por las dinámicas políticas y gubernamentales son también entidades formales, que dependen de definiciones *por comprensión* (y no por enumeración extensa de sus integrantes): la *ciudadanía*, el *pueblo*, las *masas*, los *sectores populares*, la *clase media*, la *gente*, etc. Ese carácter eminentemente formal se organiza según operaciones que corresponden con lo que en la lógica *peircena* se llama *símbolo*, es decir, signos que representan objetos generales con fuerza de ley. Los lenguajes televisivos no carecen de aspectos simbólicos, pero se articulan con operaciones indiciales e icónicas, que son predominantes. Así, la construcción discursiva de los colectivos se encuentra en dificultades para constituirse y legitimarse en el medio televisivo. Lo que a las democracias republicanas modernas era el principio de igualdad, fundado en la letra impresa, durante todo el siglo XX fue la contundencia de las diferencias y desigualdades evidenciadas por el cine, la radio, la televisión. Éste es el tipo de problemas que metodologías que no trascienden la posibilidad de analizar discursos verbales, o que fuerzan una reducción de los materiales audiovisuales a dimensiones puramente lingüísticas, no han podido resolver. ¿Qué cuerpos representan los rasgos de un colectivo, y de qué manera? ¿Cómo se organiza la dimensión del contacto de un gobierno con sus interlocutores?

---

[19] Una riquísima condensación de trabajos sobre el conjunto de problemas en torno a la mediatización de la figura presidencial en distintos contextos latinoamericanos y europeos contemporáneos (y no tanto) puede encontrarse en Fausto Neto, Mouchon, y Verón (orgs.), 2012.

Una tercera forma de reaparición en público, apenas dos días después del video casero, se produce el 20 de noviembre de 2013,[20] con el regreso formal a las actividades de gobierno después de su convalecencia. Ese día se sentenció un amor. Luego de tomar juramento a los nuevos ministros, la presidenta salió al balcón del patio de las palmeras de la Casa Rosada, donde la esperaban los jóvenes militantes, a los que respondió con dos discursos consecutivos. Ellos clamaban su amor, y ese acercamiento salido de todo protocolo, fue el gesto de correspondencia afectiva. Aludió a esos jóvenes ("¡Cuánto los extrañé, por dios!"), respondió a sus expresiones y canciones, en un diálogo fresco con su auditorio inmediato ("Yo también los amo a todos, y mucho"). La espontaneidad acaecida por otros procedimientos: lugar no habitual ni protocolar para dar un discurso, recomienzo con visos de improvisación, tiempos alargados, micrófono que se hace protagonista, titubeos, y sobre todo, una fuerte pregnancia visual y sonora del auditorio, con interacción y respuesta de Cristina. El marco general de ese discurso ofrece algo evidente: sin salirse del régimen *show* (interactuó de manera directa con el auditorio, técnicamente el *segundo*, más allá de su destinación general a un *tercero* vía televisación), exorcizó los gestos protocolares de la cadena nacional, otorgando frescura y cercanía con el interlocutor en presencia. Pero esta espontaneidad no está cumplida sólo por correrse de lo ceremonial. Lo realmente importante fue que escenificó una reversión de la escena, una suerte de respuesta a una demanda, o quizás mejor, a una *ofrenda*: el amor de esos jóvenes la busca, le antecede, la encuadra. Son ellos los que se expresan, y Cristina responde. La vista que sentencia esta inversión es una cámara que toma a la multitud desde el balcón, componiendo casi una subjetiva de Cristina frente a los jóvenes. Hecho inédito en los discursos presidenciales televisados, al menos en los últimos 40 años: la multitud no es vista desde un plano panorámico o aéreo, sino desde la propia mirada de la figura presidencial. Es ella la que tiene algo para presenciar y presentar: a los *jóvenes militantes*.

Este colectivo, consolidado por la palabra que lo evoca y lo convoca, cobra visibilidad pública a partir de su figuración corporal, construcción que genera un peso y una existencia (icónico-indicial) difícil de impugnar. Su figuración tiene una inmediata y espontánea consumación mediante la fisonomía inscrita en el propio cuerpo, en los gestos indumentarios (remeras con inscripciones alusivas, distintivos y pequeños carteles de mano) y coordinación de acciones que manifiestan formar parte de un grupo ya constituido (cánticos extensos, vestimentas uniformizadas o con voluntariosa estilización). Algunos de estos rasgos se pudieron apreciar en la mediatización de los funerales de Néstor y en otras mani-

---

[20] 20 Noviembre 2013, en el patio de las palmeras: https://www.youtube.com/watch?v=3uLjjqzqBsw
15 Junio 2015: https://www.youtube.com/watch?v=JsHciXWLBy0
15 Septiembre 2015: https://www.youtube.com/watch?v=drwf5NWpP1g
El fenómeno, sin embargo, para 2015 ya era materia periodística, "Los patios militantes, el ritual de apoyo a Cristina", Mariana Verón, LaNacion.com.ar, 15/03/2015: https://www.lanacion.com.ar/1776339-los-patios-militantes-el-ritual-de-apoyo-a-cristina [Recuperados febrero 2018]

festaciones de apoyo al gobierno, y se acentuaron con el tiempo, ganando visibilidad en muchas de las ocasiones en que la presidenta dirigió su discurso a la población bajo el régimen de televisación que llamamos *show*.

El cuerpo de Cristina: condensaciones y transiciones.

En estos episodios recuperados, atendimos a cómo Cristina puso el cuerpo. Un cuerpo que por una parte condensó quién era y qué le pasaba. Siendo mujer, podía quebrarse en cámara, o podía enfermarse pero mostrar entereza y frescura pese a todo. Siendo viuda podía sostener el luto por un largo tiempo como un estandarte de sensibilidad humana o tal vez recato moral. Si parece que el eje fortaleza/debilidad dominara el *insight* de sus condensaciones corporales, también se juega la transición entre lo íntimo y lo público, entre su interioridad y su manifestación, entre lo anímico y lo racional, entre lo afectivo y lo efectivo. Siendo madre, su cuerpo se estrechó con esos jóvenes como si fueran sus propios hijos: les habló con el corazón, les sonrió y los abrazó. Ellos pasaron de ser masa a multitud, de conjunto indiferenciado a colectivo identitario: transición de una madre que reconoce a sus hijos y los presenta en sociedad. La *intimidad* y la *privacidad* se conectaron en línea directa con lo *público* y lo *político*. Pero estas categorías, destinadas a describir la elaboración de factores de *confianza*, no pueden ser útiles si no se apoyan en los lenguajes en que se tejen. En este caso, la televisión aporta una narrativa de encuentros y desencuentros, de proximidades y distancias que son medibles sólo por los cuerpos y los espacios que intervienen, unos y otros en una sintaxis mediática que hay que desentrañar.

Con la emergencia de la mediatización articulada con las redes, estas modalidades adquieren nuevas formas y otras dinámicas. No seremos concluyentes, sólo vamos a señalar un par de casos que muestran que quizás debamos recomenzar una sistematización de la construcción pública del cuerpo ciudadano, con las categorías clásicas o sin ellas…

Los procesos afectados por el principio de *igualdad ante la ley* por parte del Estado moderno estuvo en buena medida garantizado por soportes impresos, es decir, discursividad primordialmente simbólica, generalizante. Con la incorporación masiva de medios productores de discursos icónico-indiciales, ganó su lugar político la mediatización de la *diferencia* en todas sus formas. La *otredad*, la *desigualdad*, la *diversidad*, las *capacidades diferentes*, la *multiculturalidad*, la transformación de los procesos *identitarios*, son resultados de la iconicidad mediatizada. Lo particular, lo espontáneo, lo individual, lo imprevisto, el ademán tosco y la sutilidad, el pliegue buscado o escondido, emanan en lo indicial: con esfuerzo, se llegó a la mediatización de la singularidad. Y la *ciudadanía* pasó a ser una mera categoría general, sin la menor relación o traducción posible con la ideología del respeto por la diferencia: esto es crucial en una era del acaecimiento contundente de la singularidad individual.

¿Puede la confianza, confiar en la *espontaneidad*? En la vida no mediatizada, manejar la espontaneidad es asunto de socialidad primaria. Lo espontáneo se ofrece como "auténtico", "sincero", al costo de una paradoja: la espontaneidad se vive como algo *sui generis* pero es un efecto de sentido que se logra en quien la observa. Con la mediatización icónico-indicial, la espontaneidad también se volvió asunto de gran escala, pero no disuelve la paradoja; y los observadores son millones de personas atentas a detectar aquello que les quite o les devuelva, a cada instante, la confianza. Sobre Cristina se forjaron kilotones de confianza a partir de la espontaneidad liberada en escenas contingentes de enfermedad, amor o muerte. Para eso, puso su cuerpo como condensador y como *médium*.

Del cuerpo "espontáneo" a los cuerpos en contacto.

En Argentina, "espontaneidad" es el nombre de la dimensión legitimadora de cualquier manifestación colectiva no articulada por una estructura partidaria u orgánica política. En las ocasiones en que una protesta o manifestación masiva se produce, enseguida ingresa a la agenda mediática –en voz de los propios medios tanto como de los políticos y gobernantes– la discusión acerca del carácter espontáneo o no de la manifestación. Quienes hacen esto, parecerían desconocer cínicamente que toda manifestación colectiva por definición necesita de una mínima coreografía para constituirse: la espontaneidad es tan imposible, como opaca es la sinceridad. Su imposición como clave de lectura explicita el cuestionamiento que apunta más allá, al carácter artificioso o solapado que supone una articulación por parte de organizaciones con estructura previa: partidos, sindicatos, medios, etc. Precisamente, los documentos producidos y puestos en circulación en la red por ciudadanos, presumen deshacerse de tal crítica y enunciar con autonomía de las voces institucionalizadas. Ese es su límite enunciativo.

Pero no menos importante es el efecto de *contacto ejercido* que conlleva la publicación de este tipo de documentos en las plataformas. Fotografías, videos y otros documentos pueblan por oleadas la red, actuando o activando algo que sería difícil de caracterizar como público o privado, ya que no obedece a reglas sino a hechos:[21] el cuerpo se hace presente como entidad partícipe de un hecho. Luego, en ese registro, entra en conexión con otros documentos similares o diferentes, se articula con relatos, con discusiones, ilustra argumentaciones, está sujeto a apreciaciones, etc. Sólo allí recobra sentido –eventualmente– como público o privado. Al ingresar como agenda o como material en los medios masivos, se transforma en contacto *representado*: otro estatuto enunciativo. Sea enorme o nulo el tamaño de su éxito y de sus efectos, no se trata jamás de un contacto *representado* (por los

---

[21] Recordemos, una vez más, que la distinción peirceana entre *terceridad* (reglas) y *secundidad* (hechos en bruto) incluye que son mutuamente irreductibles. Si la diferencia entre público y privado obedece a reglas y no a hechos en sí, esta dimensión se vuelve inconsistente.

medios, por las estructuras políticas) sino *efectivamente ejercido*: ejecución "viral" de la secundidad. Entre la televisación de los actos multitudinarios, las pocas entrevistas y la alocución a solas mirando a cámara, Cristina intercaló un video hogareño subido a twitter. Es probable que para comprender todo esto el eje *público / privado* sea insuficiente y comencemos a hablar de cuerpos en *contacto ejercido* o *representado*. El momento mediático contemporáneo trae un conjunto más complejo de situaciones y paradojas. Y los cuerpos, una vez más, resultan operadores de las transformaciones del sentido que circula en los diferentes dispositivos de mediatización.

CAPÍTULO 6

Una ceremonia partisana. Liturgia política en los gobiernos de Cristina Fernández de Kirchner en Argentina (2008-2015).

Mariano Fernández (2017)

"La religión civil es una dimensión religiosa de la vida política
pues posee una finalidad trascendente a los procesos políticos".
Claude Rivière, As liturgias politicas

"¿Se dieron cuenta argentinos que nos reunimos en la Plaza de vuelta
para festejar el 25 de Mayo que es la fiesta patria y la recuperación de la Nación
para todos los argentinos? Parece una tontería, pero no es una tontería,
es una reafirmación de la pertenencia y de la identidad cultural."
Cristina Fernández de Kirchner, 25 de mayo de 2014

El punto de partida de este texto es una afirmación que no puede pretenderse osada: el kirchnerismo fue –¿pero sigue siendo?– una identidad política. Heterogénea, irreductible, dinámica…identidad política al fin: un colectivo delimitado, con capacidad para auto-imaginarse y para producir identificaciones. Esto puede fundamentarse al menos por dos vías. Una, por contraste con una definición teórica. La otra, por referencia a un saber práctico compartido por quienes han vivido en Argentina el proceso político iniciado en 2003, con la asunción de Néstor Kirchner como presidente de la Nación, y que conocen a muchas personas que, con o sin militancia orgánica, se asumen "kirchneristas" y otras tantas para quienes ser "kirchnerista" (y por lo tanto, identificar a alguien como kirchnerista) fue una variante de la designación, el insulto o el estigma político. Para enmarcar la hipótesis que quiero someter a reflexión voy a avanzar brevemente siguiendo la primera vía.

La definición teórica que usaré como recurso argumental es una muy difundida propuesta por Gerardo Aboy Carlés (2005). Una identidad política, dice el autor, puede concebirse como:

> Conjunto de prácticas sedimentadas, configuradoras de sentido, que establecen, a través de un mismo proceso de diferenciación externa y homogeneización interna, solidaridades estables, capaces de definir, a través de unidades de nominación, orientaciones gregarias de la acción en relación a la definición de asuntos públicos. Toda identidad política se constituye y transforma en la doble dimensión de una competencia entre las alteridades que componen el sistema y de la tensión con la tradición de la propia unidad de referencia (Aboy Carlés, 2005: 120)

La definición es compleja porque encadena una multiplicidad de elementos que a su vez están vinculados de una específica y determinada manera entre sí:

• Prácticas: pero no todas, sino aquellas que son políticamente productivas, porque "generan sentido", es decir, que pueden delimitar una diferencia (adversarios, enemigos públicos) y producir identificación (pero no sólo por la oposición a esos *otros* por así decir contemporáneos, sino por la inserción en una *tradición*: la identidad requiere un relato que anude el pasado y el presente sobre la base, incluso, de identidades ya disponibles).

• Solidaridades estables, sostenidas en el tiempo, y que o bien requieren de esas prácticas para reproducirse y fortalecerse, o bien las alimentan, les sirven de fundamento.

• Unidades de nominación: estrategias discursivas (argumentos, eslóganes, imágenes condensadoras) que pueden orientar prácticas, no tanto (o no necesariamente) porque las impulsen —es decir, porque se actúe como consecuencia de esos discursos— sino porque pueden fundamentarlas —quien asuma esa identidad, encuentra por lo tanto las justificaciones de su identificación.

• Y todo ese conjunto de elementos no valen para cualquier situación, sino para la definición de "asuntos públicos". La identidad política, que por cierto se fragua en instancias de relaciones interpersonales privadas (en unidades básicas, en barrios, en universidades, en mitines, en diálogos familiares, en el consumo de medios y el uso de plataformas digitales), sólo se objetiva (es decir, se vuelve disponible y obtiene una certificación de existencia) en el espacio público.

Hay una extensa bibliografía que certifica la conformación del "kirchnerismo" como identidad política a partir de la articulación de cada uno de los elementos que componen la definición propuesta por Aboy Carlés. No voy a detenerme a comprobar este punto; me bastará con remitir a esa larga lista de textos que, a su vez, pueden remitir a otros tantos[1].

Sí nos interesa, en cambio, colocar esa pregunta por la identidad en un primer plano porque es útil para señalar un hecho que merece ser explorado: si se pudiera destacar un consenso en los estudios sobre el kirchnerismo casi con independencia de los criterios de

---

[1] Lista que, aquí, apenas si mencionaré de manera sintética: Balsa, 2013; Biglieri, 2006; Lüders, 2017; Martínez, 2008; Montero, 2012; Muñoz y Retamozo, 2008 y 2013; Natalucci, 2012; Retamozo, 2013; Patrouilleau, 2011; Rinesi, 2011; Rocca Rivarola, 2017, entre otros

análisis y de las dimensiones implicadas, ese consenso sería el siguiente: *no hubo un kirchnerismo*. Sea que se considere la relación de los gobiernos de Néstor Kirchner (en adelante, NK) y Cristina Fernández (en adelante CFK) con las organizaciones sociales y la militancia (Natalucci y Pérez, 2014), o desde la perspectiva de los modelos de acumulación (Manzanelli y Basualdo, 2015) o de las políticas macro-económicas (Kulfas, 2016), de la estabilización de modelos de liderazgo (Ollier, 2015), de las alianzas sociales y parlamentarias (Aboy Carlés, 2014), o de la gestión de los vínculos adversativos (Touzón, 2017) lo que se verifican son variaciones, diferencias a lo largo de los 12 años de gobierno[2].

Son esas variaciones las que de manera insistente el propio discurso político del kirchnerismo, en particular en las alocuciones de sus líderes, se esmeró en solapar, y que –en una perfecta inversión especular– el discurso *anti-kirchnerista* no hizo ni hace sino reforzar: lo que en Argentina se ha dado en llamar "el relato"[3] no es, tal y como la crítica opositora lo afirma, un compendio de mentiras o engaños, sino el trabajo (que siguiendo a Pizzorno podemos llamar *actividad identificante*[4]) de hilvanar lo diferente, de subsumir las variaciones, los matices, incluso las contradicciones, en una narración que concibe el devenir histórico como despliegue coherente de un proyecto. Como la propia CFK en ocasión de la celebración del acto del 25 de mayo de 2012: *"fueron dos gobiernos pero un sólo proceso"*.

En este capítulo buscamos, precisamente, exhibir aquellas variaciones –esas formas de ser del kirchnerismo, la cristalización de sí en tanto identidad política– tomando como indicador la progresiva estabilización de una liturgia política en la celebración de los actos conmemorativos de la fecha de la independencia nacional, el 25 de mayo, apoyados en una perspectiva que combina el análisis de los discursos políticos (de ascendencia semiótica) y ciertos conceptos de la antropología política.

---

[2] Podríamos apuntar una especie de excepción a esas caracterizaciones, aunque por sí misma no "hace" identidad: Porta, Santarcángelo y Schteingart (2017: 135-137) plantean que el kirchnerismo fue un proyecto político con objetivo económicos, el principal de los cuáles –la inclusión social via distribución sostenida por el incremento de la demanda agregada– se mantuvo constante a lo largo de los tres períodos de gobierno

[3] En nuestro país, a partir del año 2008 y en particular una vez que el kirchnerismo radicalizó su enfrentamiento con el holding Clarín, se consagró esa expresión, "el relato", para designar, al mismo tiempo, un objeto de disputa (es decir, la construcción de una cosmovisión cultural, que anudara la relectura de la historia y los logros del Gobierno) y una estrategia narrativa mediante la cual el Gobierno de CFK habría buscado estilizar narrativamente su propia gestión. Cuando se lo utiliza en el debate público, casi sin excepciones, se le otorga una connotación negativa que lo equipara a una estrategia de comunicación política o directamente a una mentira planificada.

[4] Pizzorno (1985) explica que la acción política, en tanto funda identidades colectivas, puede pensarse de dos modos: como *actividad eficiente y como actividad identificante*. Ésta última es la tarea de "constituir, preservar, reforzar las identidades colectivas que aparecen sobre la escena pública bajo sus múltiples formas…. Tal actividad consiste en producir símbolos que sirven a los miembros de una colectividad dada para reconocerse como tales, comunicarse su solidaridad, acordar la acción colectiva". Ahí residiría la "peculiaridad" del lenguaje de los políticos: *"Esta es la trama de lo que hemos llamado, especializando un término del lenguaje común, "discurso político", que obviamente no está formado sólo por palabras y mensajes, información, persuasión e ideología, sino también por modos de relación, por acciones ejemplares, por emociones sugeridas"*

Fecha fundacional de la historia argentina, el 25 de mayo fue, a su vez, el día elegido por Néstor Kirchner para asumir como Presidente de la Nación en el año 2003. Esa superposición entre una celebración patria y la toma de posesión del cargo presidencial se fue convirtiendo, especialmente a partir del fallecimiento de NK en 2010, en un signo de trascendencia histórica, pues facilitó la identificación de un hito de la historia nacional para anudar dos relatos fundadores: el de la Patria y el de su renacer de mano del "proyecto" kirchnerista, luego de la profunda crisis que estalló en diciembre del año 2001 en Argentina. Progresivamente, la celebración de la declaración de la independencia –fecha ritual del calendario cívico argentino– fue mutando en autocelebración del kirchnerismo como proyecto nacional y popular. Como consecuencia, con el correr de los años se fue acentuando una tensión entre la invocación a una totalidad social y su efectiva encarnación en un colectivo de fronteras necesariamente diferenciadas y excluyentes[5]. Si esta tensión puede resultar un objeto de análisis interesante es porque se expuso, precisamente, en una instancia institucionalmente orientada a reponer, aunque más no sea circunstancialmente, un momento de comunidad plena.

El interés de un trabajo como el que proponemos depende enteramente de la posibilidad de constatar una relación entre transformaciones en el nivel del proceso político y transformaciones en la configuración de los rituales públicos. Por eso resulta valiosa y útil la hipótesis que Silvia Sigal planteó –en su caso, a modo de conclusión– en su estudio sobre los usos políticos de la Plaza de Mayo a lo largo de la historia argentina. Para Sigal,

> Una rápida revisión muestra que no toda mutación significativa en la sociedad o en la política se traduce en los ceremoniales. La inversa, sin embargo, no es cierta: las alteraciones de la liturgia coinciden sistemáticamente con momentos de activación del componente político-polémico.

Siguiendo esa afirmación, nuestra hipótesis es que en el período 2008-2015 –es decir, a lo largo de los dos mandatos presidenciales de CFK– la conformación cada vez más precisa, y por lo tanto, excluyente, de una identidad política se manifestó, en el espacio público, en la configuración cada vez más estilizada y definida de una liturgia política.

Para estudiar esa variación haremos un análisis de dos dimensiones, sirviéndonos de dos perspectivas que consideramos complementarias. Por una parte, vamos a recurrir a ciertos aportes de la antropología política, y en particular a la noción de *liturgia política* (Riviere, 1983), en tanto expresión de un ritual secular; por la otra, nos serviremos del análisis del discurso político, en particular ciertos recursos analíticos de la teoría de la enunciación de vertiente semiótica. Como dimensiones, se sobreentiende que en su acontecer empí-

---

[5] Sigal (2006:338) agrega que "a esta significación [la relación privilegiada de la Plaza con la Patria] el peronismo articuló la suya en una combinación inestable de totalidad y parcialidad social". Algo similar ha expuesto Ben Plotkin (1995) en su reconstrucción del *17 de octubre* como fecha fundacional del peronismo: "Gradualmente, los 17 de octubre perdieron su carácter conmemorativo para convertirse en rituales en los que se recreaba la comunión simbólica entre el líder y el pueblo peronista".

rico aparecen confundidas, entremezcladas, insolubles. Sin embargo, una vez que se traza una distinción empírica es posible identificar ciertas variaciones entre la discursividad oral y la configuración simbólica –por lo tanto, discursiva– de un acto público.

Una aclaración más es necesaria. El límite del estudio que proponemos es la imposibilidad de recuperar la experiencia de los actores que participaron de esas liturgias. Finalmente, si en algún lugar un ritual puede pretender ser efectivo –esto es, políticamente productivo– es en la identificación que produzca en sus participantes. Esa dimensión central –la de la experiencia *desde abajo*– es para nosotros irrecuperable (al respecto, ver Grimson y Amati, 2005 y Amati, 2011). En cambio, sí podemos estudiar la configuración de la liturgia en su forma mediatizada. Y como en las sociedades contemporáneas las liturgias políticas se solapan necesariamente con las acciones de comunicación, ese solapamiento, que bien podría desalentar el análisis (¿cómo distinguir si una acción pública ritualizada no es, en realidad, una mera estrategia comunicacional?) debería en cambio obligarnos al esfuerzo de reflexionar sobre esa imbricación.

2- Precisiones metodológicas: el tratamiento analítico del corpus.

Los actos que vamos a estudiar son *intervenciones*: no sólo sobre el espacio público urbano sino sobre la temporalidad del sistema de medios; son, en este punto, tácticas de mediatización. Cuando son televisadas, esas alocuciones están insertas en regímenes de visibilidad: dispositivos de escenificación, organizados como situación de intercambio entre presentes pero constitutivamente dispuesto para un tercero, el "público". En tanto regímenes de visibilidad son modos de escenificar el *lugar del cuerpo presidencial en el juego de fuerzas sociales e institucionales* que dinamizan el sistema político.

De modo que nuestro objeto de estudio no es la "liturgia" sino su mediatización[6]. Nuestro corpus, consecuentemente, está compuesto por los registros audiovisuales de los actos del 25 de mayo entre 2008 y 2015. Ese discurso audiovisual, además, fue producido por el propio Gobierno (a través de una productora privada) y, a excepción del acto del año 2008, todos fueron transmitidos por la Cadena Nacional de Radiodifusión[7].

---

[6] Si volvemos sobre la definición de *identidad política* de Aboy Carlés, los actos del 25 de Mayo pueden pensarse como ejemplos que condensan el conjunto de los elementos constitutivos de la identidad kirchnerista. Si, en este caso, la noción de *identidad* es un concepto de nivel *macro*, podríamos presentar la secuencia metodológica de nuestro planteo del siguiente modo: buscamos indicadores de identidad kirchnerista; entre esos indicadores, los actos del 25 de Mayo pueden ser considerados referentes válidos; concebimos a esos actos como *liturgias* (lo cual es, ya, una modelización analítica), y nos proponemos estudiarlos a partir de la diferenciación de los *regímenes de visibilidad* configurados en la *mediatización* en esas liturgias (modelización de segundo grado).

[7] Todos los videos fueron obtenidos a través del canal oficial de Youtube de la *Casa Rosada* entre septiembre de 2016. La Cadena Nacional es una prerrogativa gubernamental que habilita la interrupción de todas las transmisiones radiotelevisivas para la transmisión, *en cadena*, de discursos presidenciales.

Pensar en términos de liturgia política supone reparar en las prácticas ritualizadas y en la dimensión religiosa de la vida política, pues lo que ese ritual expresa es una finalidad trascendente a los procesos políticos. Rivière recurre a la noción de rito para estudiar las liturgias como expresiones de las "religiones civiles". En su concepción, lo que define lo propio del rito –independientemente de su estatus laico o religioso– es su carácter repetitivo, tanto en sus ocasiones, en sus contenidos y relativamente invariable en sus formas. Los ritos, explica Rivière (1983: 150) se definen por su finalidad tanto como por su morfología. En el mundo religioso y en las sociedades civiles, los ritos tienen como finalidad rehacer y reforzar lazos –a veces, expresando conflictos para superarlos, renovar o revivir creencias, propagar ideas de una cultura y darles una forma, delimitar papeles e intentar estructurar los comportamientos según la manera en que una sociedad o un grupo se piensa.

La liturgia, entonces, puede pensarse como modalidad de rito secular (a pesar de que Rivière parece utilizar ambos como sinónimos). Esto quiere decir que no todo acto ceremonial (si pensamos en las celebraciones organizadas por el Estado) constituye una liturgia, aunque, formalmente, pueda concebirse como un rito. Lo que nos interesa particularmente es que la liturgia no sólo supone una exaltación colectiva y el reforzamiento de un orden, sino la exposición de una carga afectiva y una intensidad emocional que apunta a la revitalización del colectivo político (Rivière, 2005: 24).

Pero la liturgia política cuya configuración queremos estudiar tiene un añadido que debe que ser puesto en consideración. Rivière señala que todo rito tiene una estructura triangular; sus elementos constitutivos son los *organizadores, los actores y los espectadores*. Ahora bien, ¿quiénes son los espectadores en una ceremonia televisada? ¿Los colectivos movilizados que colman la plaza? ¿Aquellos que ven la ceremonia por televisión? ¿Qué rol le cabe a las audiencias televisivas que, como tales, vienen a agregarse, como componente estructurante, en el funcionamiento de la liturgia? Por otra parte, no hay forma de que la presencia de la audiencia como espectador no resignifique el rol de los asistentes al acto, pues quedan integrados como parte de un espectáculo: la audiencia televisiva define un afuera desde donde se observa ese acto.

Lo que vamos a estudiar es la configuración de un espectáculo político que no puede ser sino un espectáculo mediatizado y que, por lo tanto, obliga a estudiar su propia lógica de mediatización. Empíricamente, las alocuciones presidenciales están insertas en lo que Landowsky (1985) llama un "régimen de visibilidad": un dispositivo de escenificación, organizado como una situación de intercambio entre presentes –el orador, los oyentes– pero constitutivamente dispuesto para una "instancia testigo" –el "público" de la televisión. Ese rasgo es definitorio, en tanto se pueden concebir regímenes de visibilidad privados. El tipo de régimen de visibilidad que nos interesa es el que se constituye en un espacio público de representación en una doble dimensión: topográfica y mediatizada. Se trata, en el nivel de la configuración material del objeto, de analizar dos regímenes de visibilidad anudados: el del acto y el de su televisación. Por otra parte, la mediatización de estos actos y su televisación a través de la Cadena Nacional muestran un interés por exponer esa liturgia y no sólo por producir una experiencia colectiva. Sea cual fuera su contenido, el acto mismo de mediatización está orientado a exponer un discurso hacia la ciudadanía, hacia el sistema político y hacia los medios. La mediatización, que por definición transforma la escala del espectáculo político, al mismo tiempo y de forma constitutiva modifica las condiciones de producción discursiva, entre otras razones porque abre el potencial de una destinación que sin ella no existiría: incluso realizándose como espectáculo público, un acto como éste no podría en ningún caso dirigirse a toda la ciudadanía.

2.1. Regímenes de visibilidad e intervenciones sobre el espacio público.

El análisis que vamos a realizar se apoya en una tipología de intervenciones públicas que confeccionamos en base a los actos que el Gobierno Nacional realizó durante el conflicto del campo (abril-julio de 2008)[8]. Un rasgo sobresaliente de aquel conflicto fue la variedad de modalidades de intervención sobre el espacio público que produjo el Gobierno a lo largo de esos meses. En nuestro caso, el estudio comparado de alrededor de 40 actos nos permitió encontrar una serie de invariantes que ordenamos en cuatro tipos de *regímenes de visibilidad*. Esta distinción se sostiene en la aplicación de dos criterios que permiten establecer una serie de indicadores para estudiar la variación de estos regímenes.

En primer lugar, esta variación se explica por la naturaleza de la relación que entablan el orador (el líder como persona representativa) y los colectivos presentes (el auditorio), que a su vez están condicionados por el tipo de acto en que se pronuncia el discurso. A esto, debemos agregar el rol asignado a la audiencia (*públicos mediáticos*). Lo que surge es una clasificación combinada que da cuatro tipos de acontecimientos:

- *Ceremonia* (unificador/público como testigo)
- *Espectáculo* (unificador/público necesario)
- *Debate esotérico* (polémico/público como testigo)
- *Acción antagonista* (polémico/público necesario)

Como todos estos acontecimientos fueron dispuestos para su televisación –fueron concebidos, por lo tanto, como fenómenos mediatizados– en ellos el *"público" es constitutivo*. Su sentido pleno sólo se realiza por referencia a ese *tercero* que, en principio, sólo participa del acto como espectador. Si esa afirmación es llevada hasta sus últimas implicancias con-

---

[8] El llamado "conflicto del campo" se extendió entre marzo y julio del año 2008 y enfrentó al Gobierno nacional argentino y a las principales organizaciones patronales y gremiales del sector agrario y agro industrial. Suscitado a propósito de una resolución del Ministerio de Economía que establecía un aumento del porcentual de derechos de exportación a algunos granos (el principal, la soja), a lo largo de estos cuatro meses se produjo el desarrollo de una fuerza social que brota desde reclamos corporativos y alcanza a darse una fórmula política de alcance nacional.

ceptuales, lo que cabe decir es que cualquiera de esos acontecimientos funciona como un "espectáculo": están dispuestos para un *espectador* al que no puede asignársele una identidad colectiva. A su vez, si, como sucede en este caso, el encargado de la televisación de estos actos es el propio Gobierno[9], se sobreentiende que su realización busca *insertar la palabra presidencial en el espacio público a través de su puesta en circulación en el sistema de medios*. El enunciador sabe que se dirige *de hecho*[10] a un colectivo que es, finalmente, *otro interpretante* de la discursividad pública: *la audiencia*, o mejor, los *públicos mediáticos*, definidos ya no por la igualación regulada por la Constitución (ciudadanos), por la adscripción a un sector político (partidario) o por la pertenencia encarnada en valores, afectos, tradiciones (pueblo argentino).

Dando por sentado, entonces, que el *público* es necesario en cualquiera de sus variantes, vamos a proponer una clasificación de los regímenes de visibilidad instituidos por CFK Así, tenemos cuatro tipos de *regímenes de visibilidad*:

a- Monólogo esotérico

En este tipo de régimen de visibilidad se escenifica la figura del líder nacional, ubicado por encima de los intereses e identidades sectoriales, enmarcado en una escenografía que privilegia la visibilidad de símbolos patrios, reforzado por la presencia –en los laterales o detrás de CFK, pero siempre sobre el escenario– de representantes políticos electos por el voto popular (gobernadores, intendentes, legisladores) y por el cuerpo de ministros del gabinete nacional. Frente al líder, un auditorio compuesto por "personas representativas" (cuyo valor político en el acto se define por su representatividad –económica, política, ideológica–) con el que, desde la lógica de la distribución topográfica de lugares y el modo en que ella condiciona el contacto de mirada, conforman una suerte de *circuito cerrado,* lo cual se confirma en la proxemia que se va estabilizando (bajo la forma de gestos cómplices con algunos miembros presentes en el auditorio, sobreentendidos e incluso bromas).

b- Ceremonia exotérica

El aspecto *ceremonial* les viene dado por su estatus conmemorativo; inscriptos como están en una temporalidad cíclica, señalan la continuidad simbólica de la unidad nacional. Son lo que Abélès (1989) llama "ritos de consenso". Por lo tanto, invocan una identificación suprapartidaria y allí el líder aparece como encarnación de las normas y la tradición.

---

[9] Desde el 2003, todos los actos oficiales fueron filmados y distribuidos por la empresa Prensa Satelital, propiedad de la productora "La Corte", encargada, a su vez, desde 2009, de la televisación del fútbol de Primera y Segunda División.

[10] O sea, independientemente de que en su discurso introduzca marcas pronominales o interpelaciones explícitas.

Si se trata de una ceremonia *exotérica* es porque el público presente no puede ser identificado con un sector específico; es un colectivo indiferenciado que resulta un sustituto en presencia de la *ciudadanía* ausente. Comparado con el RV anterior, aquí el circuito de comunicación es abierto. Nuevamente, la tensión permanece por la estructuración del eje de la mirada (Verón, 1984): la interlocución directa nunca incluye a los (tele) espectadores, que asisten a un acto que sólo los implica por las menciones que pudiera hacer el orador.

c- Movilización ceremonial

Resulta central aquí la exterioridad por oposición a las arquitecturas cerradas de las instituciones (como Casa de Gobierno) o de los estadios en los que se realizan lo que llamaremos ceremonias partisanas. En este caso, la Presidenta asume el rol del líder político supra-partidario; su legitimidad no emana sólo de la regla institucional sino que es el efecto de la capacidad de conducción y del carisma. El apoyo de la movilización refuerza y actualiza el liderazgo, que podemos considerar una variante del liderazgo nacional, aunque el contacto directo líder-pueblo que se pretende escenificar marca también que la adhesión no responde sólo a la capacidad de conducción de un espacio político sino a lo que Cheresky llama "popularidad" y que trasciende tanto la legalidad de la investidura como la pertenencia partidaria. Es precisamente en estos actos cuando la figura del *pueblo* aparece por dos vías: como entidad corporizada (es el interlocutor directo de la Presidenta) y como entidad del imaginario político (el "pueblo" como sujeto dañado y el "pueblo" como identidad supra-grupal)

d. Ceremonia partisana

La *ceremonia partisana* se define porque lo que escenifica es el liderazgo como capacidad de conducción de una fuerza política y la pertenencia a una identidad acotada, singular, de partido. Así como las movilizaciones ceremoniales, las ceremonias partisanas, organizadas por el partido de Gobierno, deberían caracterizarse por su excepcionalidad: no pueden convertirse en rutina pero tampoco someterse al calendario ritual[11]. *Son intercalaciones tácticas.* Como tales, son actos *para-institucionales*, realizados en sitios cerrados de la topografía urbana. No obstante lo cual, en ellos CFK habla *también* como Presidenta y anuncia su voluntad de reflexionar "con todos ustedes" (los presentes) junto a "todos los argentinos" y convoca "*desde este espacio político a todos los argentinos*, sin distinción de banderías, sin distinción de pertenencias, a debatir y a discutir en un marco democrático para profundizar la trasformación y el crecimiento para que siga dando trabajo a todos los argentinos".

---

[11] Al menos, esa era nuestra hipótesis cuando elaboramos la tipología. El propio proceso político nos fue mostrando que, en efecto, el gobierno de Cristina Fernández tendió a convertir las ceremonias partisanas en una modalidad recurrente de espectáculo político.

Esquemáticamente, en la siguiente tabla sintetizamos los rasgos que caracterizan a cada RV:

RÉGIMEN DE VISIBILIDAD	TIPO	INTERPRETANTE	TIPO DE LIDERAZGO
Monólogo esotérico	Protocolar	Ciudadanos Nación	Líder Nacional
Ceremonia Exotérica	Conmemorativo	Ciudadanos País	Líder Nacional
Ceremonia partisana	Movilización partidaria	Militantes	Líder de partido
Movilización ceremonial	Movilización popular	Pueblo Patria	Líder plebiscitario

3- De la movilización ceremonial a la ceremonia partisana.

Contrastada con las celebraciones del 25 de Mayo de los gobiernos precedentes (al menos desde el retorno de la democracia en 1983) la conmemoración kirchnerista introdujo un elemento diferencial: le agregó, al protocolo institucional (con sus formas rituales cristalizadas[12]) el elemento de la movilización popular[13]. Por esa razón, no se las puede pensar sólo como piezas de comunicación política –no, al menos, si se reduce ese concepto a productos comunicacionales elaborados según una estrategia publicitaria.

Desde esta perspectiva, el momento inaugural de esta forma litúrgica fue el 25 de mayo de 2006 cuando la confluencia de las organizaciones sociales con el Gobierno se expone en la llamada "Plaza del Sí", en la que el Frente para la Victoria celebró su tercer año de Go-

---

[12] En uno de sus estudios sobre el tema, Amati (2010) recuerda que: "El gobierno de Néstor Kirchner modificó el lugar de realización de los actos de mayo rompiendo con una tradición que viene desde 1811. Si bien esa tradición política y cultural sufrió modificaciones desde la fecha del acontecimiento que conmemora tanto en la estructura del rito como en la participación social, como veremos en la siguiente sección, la continuidad estaba marcada por la fecha y por el espacio de realización: la plaza y las instituciones aledañas (Casa Rosada y Catedral Metropolitana). Por primera vez en el 2005, el rito oficial de mayo se realizó en Santiago del Estero; en el 2007, en Mendoza; en el 2008, en Salta y en el 2009, en Misiones. Este cambio –que no incluyó modificaciones en la estructura ritual– se realizó bajo el argumento del federalismo y contra la centralidad de Buenos Aires".

[13] Como bien lo han mostrado los estudios de Natalucci (2012 y 2014) y Natalucci y Pérez (2010 y 2014), la "matriz movimentista" fue la aportada por las organizaciones sociales a las que el Frente para la Victoria integró al denominado Frente Transversal como contrapeso del Partido Justicialista en el período 2003-2006. Entre esas organizaciones, las más importantes –Movimiento Evita y Movimiento Barrios de Pie- provenían del espacio militante de organizaciones sociales que lideraron la oposición no partidaria al neoliberalismo en la década de 1990. Su incorporación como aliados a un Gobierno Nacional implicó, por lo tanto, una novedad.

bierno, y que para Montero y Vincent (2013: 141-143) marca el inicio del "kirchnerismo puro". El paso de los años mostrará que los criterios de "pureza" variarán; sin embargo, aquel acto de 2006 sí señala un rasgo estable del kirchernismo: la tendencia a mostrarse públicamente a través de lo que Novaro denomina "identidades por escenificación", como modalidad de exhibición de la relación entre los "electores" y los elegidos, que, como tal, es directamente tributaria de su manifestación en el espacio público (Novaro, 2000:244). El pasaje que va desde 2008 (o 2006) a 2015 muestra el progresivo desplazamiento de la identidad de los colectivos que participan de esa acción movimentista: *no se transforma la "matriz"* (revelada por el "régimen de visibilidad"), *sino el sujeto que la protagoniza*: una "juventud" que además es "kirchnerista".

Dicho esto, si se considera al kirchnerismo desde el criterio de la conformación de una identidad política, el año 2008 marca un punto de inflexión. No de ruptura, ni de contraste agudo, sino un momento que, en retrospectiva, produjo condiciones de posibilidad: habilitó la radicalización de rasgos que ya estaban presentes, y que Svampa (2011: 27) ha sintetizado con la idea de una "exacerbación de lo nacional-popular". El conflicto con el sector agrario habría servido, entonces, "como piedra de toque para actualizar de manera plena" un legado que con modulaciones menos intensas ya se había incorporado al imaginario político del kirchnerismo (Novaro, 2011). Svampa sostiene que "este fenómeno conllevó dos consecuencias mayores: por un lado, consolidó el discurso binario como 'gran relato' refundador del kirchnerismo, sintetizado en la oposición entre un bloque popular y sectores de poder concentrados (…) Por otro lado, se amplió el arco de alianzas a partir de la incorporación explícita de la juventud".

El conflicto del campo puso, por primera vez, al kirchnerismo frente a un adversario con capacidad de movilización y con voluntad de disputarle, en la calle, el sentido y la legitimidad de las propias bases de sustentación del modelo económico. Fue, como lo ha señalado el politólogo Pablo Touzón (2017), "una pelea política que tenía sentido, en el marco de una economía aún en expansión, entre sectores igualmente empoderados. El conflicto funcionando como dinamizador social y no como una sustitución semiótica de la improductividad política".

Frente a ese escenario, que en los años siguientes se iría agudizando, el kirchnerismo fue desplegando variantes de la movilización política que –siempre– tuvieron como eje la escenificación del liderazgo de CFK y su relación pretendidamente directa, inmediata, con *el pueblo*. De entre esas variantes, la más significativa, al menos para entender el devenir de la liturgia que estamos estudiando, fue no sólo la incorporación de cuadros políticos provenientes de las organizaciones de juventud, en particular de *La Cámpora*, al staff de gobierno (Rocca Rivarola, 2017: 334)[14], sino la exhibición de la relación privilegiada de CFK

---

[14] Rocca Rivarola (2017: 334) habla de la "profesionalización de la militancia" definida como la dedicación de tiempo completo del militante a la política, de dónde obtiene su ingreso, y señala que es errado proponer un análisis totalizante, ya que "el material empírico da cuenta de una multiplicidad de modalidades distintas de esa articulación cotidiana durante todo el ciclo [2003-2015]".

con esa juventud. Primero, en el año 2010, en un acto inaugural de esa alianza, que contó con la presencia de NK. Luego, el 11 de marzo de 2011, en un acto homenaje a Héctor Cámpora, en el que CFK frente a una multitud reunida en el estadio del Club Huracán se presentó como militante, antes que como presidenta. Ese formato de la *ceremonia partisana* es el que progresivamente se irá incorporando a los actos conmemorativos del 25 de mayo, en especial a partir del año 2013[15], a medida que el kirchnerismo se iba definiendo, cada vez con más claridad, como un movimiento dinamizado por (pero no por ello reductible a) la relación directa y privilegiada entre CFK y "los pibes", "los soldados de Cristina".

A continuación vamos a sintetizar ese despliegue según momentos. No consideraremos en este análisis a los festejos por el Bicentenario de la declaración de Independencia, en 2010, porque la excepcionalidad del evento produjo también un cambio circunstancial en el tipo de acto que se celebró: la presidenta habló en un acto realizado en la Galería de Patriotas Latinoamericanos de la Casa Rosada, rodeada por los mandatarios de países vecinos (Brasil, Chile, Bolivia, Ecuador, Uruguay y Venezuela) pero no brindó ningún discurso en la Plaza de Mayo (para un análisis discursivo del Bicentenario ver, Bermúdez, 2011)

a- 2008-2011

Los actos conmemorativos del 25 de mayo se realizaron entre 2008 y 2011 en las provincias de Salta, Misiones y Chaco. Si nos centramos en la configuración espacial de los actos, casi no hay variaciones en estos años. El esquema general implica un diálogo entre CFK y una multitud reunida, que aplaude y viva las palabras de la presidenta. En los tres casos, el espacio físico es abierto pero de límites bien demarcados, por lo cual la figuración de la multitud es "estática". Por su parte, la mandataria se destaca en un escenario flanqueada por los miembros de su gabinete, y, a veces –por caso, en 2011 en Chaco– por personajes que no son públicamente notables. La mediatización de estos actos permite acercarse a una figuración de los colectivos que acompañan el discurso.

En esta serie de actos, el cambio más significativo se puede ver en dos aspectos: en la interpelación a los presentes y en un desplazamiento en el relato fundacional, que por lo demás estuvo siempre presente en las conmemoraciones kirchneristas del 25 de mayo.

En efecto, el acto del año 2011 es el primero que se realiza luego del fallecimiento de Néstor Kirchner. Si nos centramos en el régimen de visibilidad casi no hay modificaciones respecto a los actos previos (2008 y 2009). Incluso el luto en la vestimenta de CFK no al-

---

[15] Casualidad o no, mismo año en que se iniciaron los denominados *patios militantes*, que pueden considerarse la forma más pura de *ceremonia partisana*. Los *patios militantes* fueron una instancia de encuentro entre CFK y la juventud kirchnerista en los patios de la Casa de Gobierno, y se realizaban generalmente después de algunos actos públicos. El primero de ellos se efectuó el 20 de noviembre de 2013. Usualmente, funcionaban de esta manera: una vez que finalizaba el acto, la juventud ingresaba a la Casa Rosada y allí CFK les hablaba desde los balcones de uno de los patios internos. Lo interesante, lo notable, es que se trataba de actos televisados, de modo que, nuevamente, eran –de hecho- una exhibición de la identidad kirchnerista.

tera la dinámica proxémica del acto: no sólo porque el cuerpo de la presidenta se coloca detrás de un atril, sino porque, a diferencia de lo que podrá verse en los años siguientes, no hay interrupciones del discurso a partir de ciertos momentos dialogales que surgen por gritos que vienen desde el público y a los que CFK responde. Sin embargo, lo que se modifica sustancialmente es la forma del relato fundador. Hasta 2010 inclusive, la celebración del aniversario de la asunción de Néstor Kirchner no resultaba en la exaltación mítica del ex Presidente, sino del "proyecto", cuyo agente es un nosotros inclusivo:

> Y hoy, hoy argentinos, permítanme acordarme de otro 25 de mayo, del 25 de mayo de 2003, cuando haciendo honor a nuestras convicciones, a nuestras ideas, le dijimos al pueblo argentino que podíamos ponernos de pie, que era el trabajo y la producción lo que nos iba a salvar. (2008)

> Pero como a mí no solamente me gusta soñar y como junto a muchos otros millones de argentinos además de soñar nos gusta hacer, es que también hace hoy exactamente seis años comenzamos un proceso de transformación en nuestro país para poder, precisamente, convertir en sueños, convertir en realidades esos sueños. (2009)

Esa forma canónica del relato cambia en el año 2011. Ya en Chaco, CFK inicia su discurso de invocando la figura de NK, enmarcando el recuerdo en un cuadro intimista:

> Hoy no es un día fácil para esta Presidenta. Hace exactamente ocho años sentada en mi banca de senadora (…) mirábamos jurar como Presidente de todos los argentinos, a quien fuera mi compañero de toda la vida. (…) Y ese hombre, desgarbado, que venía desde el sur, a comprometer su vida, para llevar adelante las convicciones de miles y miles que 30 años antes, en esa misma plaza se habían convocado para cambiar el país y cambiar la historia. …Yo no lo escuché como su esposa. Lo escuché como su compañera de militancia de tantos años. …Tuve la íntima convicción de que nos iba costar mucho, pero nunca imaginé cuánto.

b- 2012

Es en el acto del año 2012, celebrado en Bariloche, provincia de Río Negro, donde podemos advertir indicios de la liturgia que va adquiriendo rasgos más definidos de ceremonia partisana. A causa del mal clima, la celebración, que debía hacerse en el centro cívico de la ciudad, se traslada a un teatro. El espacio cerrado favorece el formato de lo que hemos denominado *monólogo esotérico*, y eso, a su vez, genera condiciones para que el monólogo se intercale con intercambios directos en los que aparecen gestos de complicidad con algunos de los presentes (a veces, identificados por la propia Presidenta; en otras ocasiones, sólo es posible percibir voces que provienen del público).

CFK está ubicada en el centro exacto del escenario; a sus laterales, se ubican los miembros del Gabinete y algunos gobernadores. CFK, como siempre, se dirige a los presentes, que esta vez ya empiezan a tener una identidad clara: "no entendería estos actos si no estuvieran ustedes", les dice CFK a sus interlocutores, luego de que estos cantaran que eran "soldados de Cristina".

A su vez, la televisación por Cadena Nacional intercala imágenes del teatro (donde se pueden divisar tanto personas representativas pertenecientes al espacio político del kirchnerismo como militantes con remeras de las organizaciones que lo componen) con imágenes de una multitud reunida en el Centro Cívico de Bariloche, y que sólo puede ser identificada por los estandartes y las banderas. Las banderas son un indicador de mediación: una diferencia es que a partir de 2013 sobre todo, en las primeras filas casi no hay banderas de sindicatos o municipios, y sí de Unidos y Organizados.

c-2013-2015

La forma más definida de la *ceremonia partisana* se consolida en los actos de los años 2013, 2014 y 2015, que, además, implicaron un retorno al "centro": luego de casi diez años de celebraciones en diferentes provincias, la ceremonia vuelve a realizarse en la Plaza de Mayo. Vamos a desagregar a continuación los rasgos generales que van componiendo la variación que postulamos:

• La delimitación de una fuerza política, que se exhibe en la escenificación cada vez más ordenada de los actos, que se perfeccionan en tanto espectáculos; perfeccionamiento técnico y escénico, y delimitación cada vez más clara de su espectador modelo, de su sujeto, de un interpretante del kirchnerismo de la era CFK, *la juventud*. Es CFK quien, cada vez con más insistencia, va a producir esa especificación, porque básicamente elige a esa juventud políticamente organizada como interlocutora directa: son los que están ahí, frente a ella ("Yo quiero recordar y veo en todos ustedes, en esas caras jóvenes, las caras de otros jóvenes, de French, de Beruti, de Moreno, de Monteagudo los verdaderos cerebros de esa revolución"), y con quienes y a quienes ella habla[16].
• La movilización ceremonial, que ya era un espectáculo de autocelebración, se desliza hacia la ceremonia partisana porque se especifica la identificación política y con ella se transforma la identidad de los colectivos que participan de esa liturgia. A pesar de que se mantiene el *grado cero*, instaurado en 2006, definido por la forma movimentista, los protagonistas ya no son las organizaciones sociales pertenecientes a lo que Natalucci (2010) llama "espacio organizacional militante" sino una "juventud" que además es "kirchnerista" y que asume como tarea política la protección de su líder: "Che gorila, che gorila, no te lo decimos más, si la tocan a Cristina, qué quilombo se va a armar".

---

[16] "Y verlos hoy enarbolando sus banderas cuando vienen a los actos; cuando los veo hoy en los barrios junto al Ejército Argentino ayudando a los que menos tienen cavando zanjas; cuando los veo hoy investigando en las universidades y en los laboratorios porque hemos vuelto a tener universidad, recursos para poder hacerlo; cuando los veo hoy en las nuevas universidades y con las nuevas posibilidades, siento realmente que se ha cumplido una parte importante de la tarea".

• Decíamos que estos actos además de exhibir ese desplazamiento en el régimen de visibilidad se van perfeccionando como espectáculos. Como ya lo ha señalado Sandra Valdettaro (2015) se van adecuando o adoptando una *forma performática*: los actos abren y cierran musicalizado con canciones populares ("No me arrepiento de este amor", de Gilda o "La ciudad de la furia", de Soda Stéreo), el escenario incluye una pasarela por la que CFK caminará, como adentrándose en la multitud, para saludar una vez finalizado su discurso; también se añade un mapping proyectado sobre la Casa Rosada o el Cabildo y un show de fuegos artificiales como momento cúlmine. A su vez, se perfecciona el juego de cámaras y planos de la televisación, en particular el uso recurrente de paneos dinámicos (con movimientos en picado y contrapicado, y de ida y vuelta) que sobrevuelan la multitud.

• Esa misma especialización del lenguaje audiovisual permite la figuración más acabada del colectivo que acompaña en esas plazas a CFK. La operación de atribución simbólica –argumental– que consiste en la construcción de un pro-destinatario que es una juventud *militante*[17], se complementa con las operaciones de figuración y de identificación referencial que la propia televisión facilita y produce. Casi como una fatalidad, la incorporación del pueblo, su encarnación actualizada y ya no su evocación discursiva, es un recorte, una exclusión. Y la mediatización televisada acentúa este fenómeno: al trabajar sobre la indicialidad, sobre la mostración y la identificación, hace que la dimensión propiamente simbólica (*terceridad*) que permitiría concebir al pueblo como un colectivo que se superpone perfectamente con los habitantes de la nación, se debilite, porque la televisión la torna imposible al exponer los indicadores de pertenencia partidaria. *Ese* pueblo encarnado en la multitud que colma la plaza, es, una totalidad excluyente[18].

Reflexiones finales.

En este capítulo buscamos reconstruir algunos rasgos del kirchnerismo en tanto identidad política, rasgos que, siguiendo a Agamben (2004) podemos denominar "construc-

---

[17] Es importante que aclaremos que la reivindicación de la figura de la juventud militante es un rasgo que caracteriza al discurso kirchnerista desde sus orígenes, tal como bien lo ha estudiado Ana Soledad Montero en su análisis de los discursos de Néstor Kirchner, entre 2003 y 2007: "Los militantes son retratados como jóvenes idealistas y soñadores, como activistas comprometidos con su causa, como hombres y mujeres 'comunes', que eran 'parte del pueblo' y cuya práctica política se fundaba en la fraternidad, el júbilo y la alegría compartida". (Montero, 2012: 127).

[18] Esto ya había sido notado por Retamozo (2013), aunque no necesariamente en referencia a estos actos. El autor explica que, en un primer momento, el "kirchnerismo" interpeló a un doble sujeto: a la ciudadanía (populus, los *argentinos*) en búsqueda de un electorado post-electoral, pero al mismo tiempo hizo otra inscripción del *pueblo*, la *plebs*, recuperando una tradición plebeya del peronismo, interpelando a organizaciones en el marco de la lucha contra sectores definidos como dominantes, reaccionarios, neoliberales y de derecha.

ción de lo glorioso". El poder es al mismo tiempo *gestión y gobierno, ceremonia y gloria*. Y, como alguna vez escribió Regis Debray:

> Es el espectáculo del Estado lo que hace al Estado, así como el monumento hace la memoria. Estado y espectáculo (fiesta y ceremonia, según los grados de implicación decrecientes del público) son términos redundantes. Un estado que no diera nada a ver y a escuchar, sin rituales, monumentos y documentos, sería peor que un rey sin diversiones: una nada. Lo que explica la frivolidad de las denuncias en boga del "Estado espectáculo". Son las modalidades del "espectáculo" las únicas que hacen época y sentido. (2000: 60)

Lo que nos propusimos fue identificar las variaciones en la configuración de los actos conmemorativos del 25 de Mayo, bajo la hipótesis de que a lo largo de los años esa celebración se convirtió, más allá del formalismo del rito y del protocolo ceremonial, en una liturgia política. Nuestro análisis, en ese sentido, partió de una muestra muy específica y delimitada, que en ningún caso alcanza como representación del *discurso kirchnerista* y menos aún de las diversas modalidades de intervención pública (urbana y mediática) que desplegó el gobierno de Cristina Fernández entre los años 2008 y 2015. Pero, al mismo tiempo, esa muestra es paradigmática de una tensión que habitó en la mostración pública del kirchnerismo: esas liturgias sólo alcanzaron su forma más plena en tanto que espectáculos políticos a través de su mediatización televisada.

A partir de 2013, en particular, estos actos funcionaron menos como ceremonias conmemorativas que como reafirmación del kirchnerismo (y en este punto como *liturgias políticas*). Hablamos, entonces, de la configuración de un régimen de visibilidad que denominamos *ceremonia partisana*.

A lo largo de sus mandatos, Cristina Fernández de Kirchner encarnó tres modalidades de liderazgo, y en esa variación hay que leer la influencia de distintos colectivos operando como interpretantes en reconocimiento del discurso presidencial (y, por eso mismo, funcionando como condiciones de producción de ese discurso). Desde ya, no podemos presumir los efectos de esa estrategia (finalmente, nuestro análisis se ubica *en producción*), pero sí podemos mostrar cómo esas variaciones están asociadas a tres niveles del fenómeno de la "representación" y de los órdenes de legitimidad en que los se ejerce:

a- la legalidad de la investidura presidencial que sustenta al "líder nacional", cuya función está directamente sostenida por el sistema electoral (cuyo interpretante es la *ciudadanía*).

b- la legitimidad del "líder plebiscitario", que moviliza fuerzas no encuadradas partidariamente, ni acotadas formalmente por su relación con el voto, y cuyo interpretante es el "pueblo" o "los argentinos" (o *pueblo argentino*, al menos según aparece en los discursos que hemos analizado).

c- la legitimidad del "líder político", que se juega en su capacidad de conducción de su fuerza política (cuyo interpretante es el *militante partidario*).

Para nosotros, en estas ceremonias partisanas, CFK terminó por consolidarse, predominantemente, como líder político/partidario. Esto puede ser evaluado desde la perspectiva de la comunicación política como una estrategia riesgosa y equivocada. No fue esa nuestra opción. Más bien, considerando que el *lugar* presidencial es un lugar vacío, lo que buscamos fue describir y analizar las formas en que CFK lo fue "encarnando", lo cual nos permite entender también su singularidad como líder y la singularidad del kirchnerismo como movimiento e identidad política.

Capítulo 7

Entre el show y la liturgia.
Cuerpos, colectivos y relatos en la mediatización audiovisual de los discursos de Cristina Fernández de Kirchner (2008-2015).

Mariano Fernández y Gastón Cingolani (2017)

Cristina es un cuerpo.

Cristina es un cuerpo. *Un cuerpo* aquí quiere decir dos cosas. Por un lado, remite a una serie de operaciones de sentido que son constitutivas de una estrategia –indisolublemente– política y discursiva. Esa serie compromete la tensión entre la corporalidad individual (donde acontecen rasgos de singularidad absoluta, tanto los que se atribuyen a "lo natural" o "lo biológico", "lo psicológico" como a los que se delegan a lo aprendido, los rasgos de personalidad, incluso lo cultural, porque también carga con lo que tiene de género, de clase, de estilo) y lo institucional (el cuerpo de la presidencia es un cuerpo sometido a otros condicionantes que lo diferencian sistemáticamente del resto de los cuerpos ciudadanos).[1] Esta arquitectura de tensiones se expresa en operaciones de sentido.

Como si fuera poco, Cristina es un cuerpo que *se expuso*. Podría pensarse que el cuerpo es algo inevitable. Pero eso sería suponer que no habría más que una manera única de hacer intervenir esa dimensión o ese componente en la discursividad política. Como sabemos, nada más alejado de lo que sucede y sucedió en la historia (Butler, 2002, 2007; Sennett, 1978). En una coyuntura en la que –forzando el contraste– los cuerpos (incluso los ciudadanos) se señalan como algoritmos, sin otro espesor que una fórmula o una estadística incorpórea (Cheney-Lippold, 2011; Lupton, 2016), la figura gobernante de Cristina tuvo en su cuerpo una figuración nuclear para su estrategia. Queremos poner a prueba esta hipótesis.

---

[1] Verón sostiene que no es una relación *cuantitativa*: un cuerpo presidencial no sería "ni más digno, más inteligente ni más púdico" que el cuerpo del ciudadano. Acaso "sería, paradójicamente, mostrar en alguna parte que *se pone en escena* la dignidad, la inteligencia o el pudor" (…) "Asunto de enunciación: el cuerpo del presidente sería un meta-cuerpo" (Verón, 1987: 33).

Todo cuerpo gobernante, como bien lo señala el clásico trabajo de Kantorowicz ([1957] 2012), se erige sobre una dualidad, entre lo que se manifiesta y lo que trasciende, entre lo perenne y lo perecedero, entre el espíritu y lo material. A lo largo de su historia, sociedades europeas (y luego sus herederas), han mantenido la concepción cristiana del hombre carnal que actualiza una divinidad virtual. Esta matriz dio lugar al monarca por mandato celestial, y más tarde fueron el Estado, la República, la Constitución, el Pueblo (entre otros) quienes sustituyeron ese poder supremo, encarnado materialmente por reyes, líderes, presidentes, primeros ministros. La metáfora orgánica de los *cuerpos* no se limitó a su condición material y perecedera, se extendió también a las particiones corpusculares (órganos, brazos), las jerarquías (cabeza y miembros), la direccionalidad (superior-inferior). Es posible que la mediatización icónico-indicial (la voz propalada por la radio y la fonografía, la imagen registrada y emitida con la fotografía, el cine y la televisión) hayan a la vez modificado y reactualizado el esquema (Traversa, 2014). El cuerpo del cuerpo: nunca antes fue tan literal y a la vez tan expuesto el cuerpo en su fragilidad y dimensión material. Solo que no debemos, por ello, olvidar que se trata *tanto como antes* de un componente en un esquema que lo contiene y por el que es expresado. Está claro, entonces, que ese esquema tiene algo de *metalepsis* (Genette, 2004), como el actor que mirando a cámara desborda al personaje y nos recuerda su sustancia ficcional.[2]

Volvemos a Cristina. La construcción de su cuerpo presidencial por un lado debió hacerse sobre una carencia, ya que la base protocolar ha previsto un presidente hombre. El cuerpo del mandatario masculino tiene un grado cero establecido por el atuendo invariable (salvando las modulaciones de estilo, color, corte, e incluso, talla del propio cuerpo) del ambo, camisa blanca y la corbata que es regulador del tono –de los tonos: el tono del ambo y también el de la situación contextual–. Por el contrario, el cuerpo de la presidenta no cuenta con una estructura previa para vestirse.[3] Vestido, *tailleur*, combinación de pantalón o falda y chaqueta, son las opciones genéricas. Cristina amanece su presidencia (10 de diciembre de 2007) con un vestido blanco, que remarca su condición *femenina*,[4] así como su esplendor y su potencia. No absorbe: irradia. Es un cuerpo centrífugo. Esta oposición no sólo es de estilo, también de género, en el sentido ahora de femenino: el hombre de traje carga en su cuerpo la representación institucional que lo interpela y que lo satura. Esta Cristina que asume la presidencia, viene a decir que ella puede y que, pese a saber "que tal vez me cueste más porque soy mujer" (…) "[l]o voy a hacer como siempre he hecho todas las cosas que he emprendido en mi vida: con mis convicciones, con mis ideas". Rizos colgantes, adecuadamente salvajes, anuncian que su cuerpo va a abrirse camino a base de personalidad. Personalidad de la vestimenta aquí se opone a la impersonalización de la investidura.

---

[2] De ahí, la importancia del complejo enunciativo para su tratamiento (Metz, 1991)(Verón, 1987).

[3] Sobre los interrogantes y paradigmas de lo posible en el cuerpo presidencial femenino, (cf.Soto, 2012).

[4] La contraposición con el *trajecito* puede leerse como la adaptación del atuendo al cambio de género.

También su voz[5] ese día mostró cartas de presentación: su oratoria de legisladora se mantuvo sobre la mesa con tono debatiente y combatiente (el auditorio parlamentario, aquí, le hizo de *buffer*), y se apoyó sobre una espontaneidad irrigada por la no lectura (que adquiere forma de *improvisación*) y la –todavía incipiente–[6] interacción con los presentes.

Durante la frenética semana del 25 de marzo al 1 de abril de 2008, se sucedieron cuatro discursos. La agenda de esos días se concentró en la disputa con los sectores que rechazaron las medidas de retenciones sobre exportaciones agrícolas. Entonces se emitieron por televisión dos discursos oficiales (25 y 31 de marzo) y dos actos multitudinarios (organizados en su apoyo, el día 27 en Parque Norte y en Plaza de Mayo el 1° de abril) con enorme trascendencia en términos políticos. En esa serie de discursos, la figuración presidencial de Cristina terminó de adquirir forma. Se hace difícil no ver que esa figuración fue emergente de factores diversos y también heterónomos. El 25 de marzo, desde el Salón Sur de la Casa Rosada, detrás de un atril, Cristina dio un discurso con un auditorio que la escuchaba y la acompañó con un aplauso. Este último detalle es el sostén del direccionamiento de su mirada a esos copresentes. A diferencia de lo que sucedió por décadas en Argentina, en las que los presidentes y ministros empleaban el dispositivo de la Cadena Nacional dirigiéndose a solas con la mirada fija en la cámara (y en todos los televidentes al mismo tiempo), la operatoria *auditorio en presencia + no-mirada-a-cámara + emisión en directo* no sólo se erigía como diferente, sino también como inhabitual o inadecuado a la figura presidencial en esa situación. Retomamos los tres regímenes audiovisuales de la discursividad política que en el capítulo 5 llamamos "intermediación", "interpelación directa" y "show": el primero consiste en la palabra de la figura presidencial en diálogo con un periodista o entrevistador que "intermedia", el segundo se erige por la mirada a cámara para establecer contacto directo por el eje de "los ojos en los ojos" (Verón, 1983) y el tercero discurre como una escena entre copresentes, donde el que hace las veces de auditorio mantiene una relación de *prótesis* del público no presente (Barreiros, 2005) como en los *shows*. De los tres regímenes, Cristina sostuvo prácticamente todos sus discursos en el modo *show*.

Al mismo tiempo, recordemos que el uso de la Cadena Nacional es facultad del Poder Ejecutivo, según lo determinaron las dos leyes que sucesivamente regularon el uso de las radiofrecuencias y los canales televisivos durante los ocho años de gobierno de Cristina. Con este dispositivo, la figura presidencial puede no sólo hablar a toda la teleaudiencia simultáneamente, interpelándola en un mismo gesto discursivo como ciudadanía, con una misma puesta en escena que articula cuestiones enunciativas, técnicas y legales. El caso novedoso de Cristina es –desde antes de su primer mensaje por Cadena Nacional, que se emi-

---

[5] Sin hacer un desarrollo exhaustivo, referimos a la dimensión de la *vocalidad* y no oralidad, en el modo en que son distinguidos por Meschonic recuperado por Maingueneau (1999) los tres polos: vocal, oral y escrito.

[6] Registramos este recurso ya en el lanzamiento de campaña como candidata a Senadora Nacional en 2005 en el Teatro Argentino de La Plata: ver capítulo 1.

tió el 9 de junio de 2008[7]– que para su puesta en escena apostó a interpelar de manera directa a su auditorio contiguo, e *indirectamente* a la teleaudiencia, no mirando jamás a cámara. Esta disyunción generó otras instancias de apelación a la ciudadanía, así como también una revalorización de la figuración de los auditorios copresentes en sus actos y discursos, tal como ya se ha planteado en el capítulo 2 y retomamos acá.

Por otra parte, los canales de noticias se tomaron la libertad de retransmitir los discursos e *intervenirlos* en su organización *audiovisual*. El resultado de las dos estrategias superpuestas fue por demás interesante y elocuente. Mientras la Presidenta hablaba, se construían tres destinaciones simultáneas, aunque no equivalentes. La destinación inmediata –el auditorio copresente–, que estaba compuesto (implícitamente pero no tanto[8]) por representantes de sectores afines a la mandataria, dispuesto por la estrategia presidencial; la destinación producto de su transmisión, es decir, los millones de televidentes que vieron y escucharon esos discursos en sus pantallas desde algún lugar; y como efecto de la "pantalla partida" (o "pantalla en la pantalla"), dispuesto por los canales que modificaron la imagen de la transmisión original, apareció una tercera destinación, que en la verbalización de los discursos políticos tiene un lugar tipificado como el destinatario aludido (no siempre explícitamente) en términos polémicos o antagónicos. De forma inédita en otro segmento de la pantalla, los canales de noticias ubican a manifestantes del sector agropecuario que en ese mismo momento, desde los lugares en que se apostaban los cortes de rutas, escuchaban en sus radios el discurso presidencial. Lo más interesante de ello es que el efecto de sentido se multiplicó en varias capas: por una parte, los canales de noticias dieron visibilidad a sectores que hasta el momento estaban emergiendo como tales; se facultaron a sí mismos (esos medios) como espacio implícito de articulación discursiva de los

---

[7] Excluyendo los que dio el 10 de diciembre de 2007 y el 1° de marzo de 2008, ante la Asamblea Legislativa, en ocasión de su asunción y de la apertura de sesiones ordinarias del Congreso Nacional, respectivamente.

[8] La figuración de un auditorio que acompaña, rodeando y frente a la Presidenta, fue característica no sólo desde el primer discurso, sino también desde su lanzamiento en 2005 como candidata a senadora nacional, como señalamos en el capítulo 1. Su construcción articuló su mostración visual, la presencia sonora (por ejemplo, en el discurso del 9 de junio de 2008, el locutor oficial anuncia el inicio de la Cadena Nacional mientras el auditorio canta ruidosamente canciones partidarias de apoyo al gobierno, y una cámara toma desde el fondo esa escena, haciendo de entrada visible al auditorio) y la interpelación e interacción de la oradora con algunos de los presentes. Como se planteaba en el capítulo 2: "La puesta en escena televisiva se asemeja a una conferencia de prensa o a la transmisión informativa de un acto partidario (…) la configuración de esa oratoria con un auditorio en presencia, completa la escena, y la vuelve aún más "natural". Sin embargo, la transición de una estrategia canonizada hacia una innovación comporta riesgo; aquí señalamos dos grandes pérdidas. La principal es la ya mencionada ausencia de la operación específica de mediatización del contacto directo con el televidente a través de la mirada a cámara, adoptando en su lugar, la forma de una escena que se asemeja a la de la ficción: se trata de una situación en la que el vehículo de identificación es la entidad cuasi-viva que está inmersa en la escena. Frente a ello, el espectador sólo puede re-ingresar a la escena por vía de esa identificación compleja que ha descrito Metz (1979) para el cine de ficción, con alguno de los sujetos allí figurados (incluido allí el sujeto colectivo "auditorio", que funciona como prótesis o prolongación del espacio doméstico de expectación). En términos de la teoría de Peirce, y para simplificar la idea, podríamos decir que se permuta un vínculo indicial por uno icónico, un pasaje del contacto a la identificación."

sectores opositores al gobierno; y en tercer nivel, produjeron una escena de diálogo o allí donde lo que había era un discurso monologal: la palabra presidencial no tiene, *estatutariamente*, interlocutor. Pero la copresencia de individuos o grupos del sector manifestante en el otro espacio de la misma pantalla (incluso su equivalencia o su mayor tamaño con la consecuente inversión de la relación figura-fondo), y las respuestas gesticulares, en directo y simultáneo, de desaprobación y de negativa frente al pedido presidencial de levantar los cortes, dieron lugar a una puesta en escena en la que el estatuto de la palabra presidencial se vio inéditamente intervenida por estas contraposiciones. Está claro que las respuestas a un discurso político –al presidencial no menos que a otros– se hacen oír en los medios en una secuencia casi inmediata, pero necesariamente posterior.[9] En estos casos que mencionamos, la respuesta no fue inmediata sino *simultánea* y en un mismo espacio mediático: la presidenta hacía un pedido en un espacio físico, en el mismo momento los manifestantes le respondían negativamente en otro espacio físico, y ese "diálogo" se producía *al mismo tiempo* en un espacio mediático para un tercero, único observador del diálogo. Esta superposición de dos estrategias puestas en escena se repitió en varios de los discursos en esa coyuntura, como los del 27 y del 31 de marzo.

Cristina asumió y sostuvo ese modelo de *show* como dispositivo enunciativo para la mediatización de casi todos sus discursos oficiales durante su mandato como Presidenta, afirmándolo como su estrategia audiovisual principal. Sostendrá novedosamente esta base enunciativa en los discursos por Cadena Nacional, utilizada por primera vez el 9 de Junio de ese año, al conmemorar los bombardeos a Plaza de Mayo.[10] Lo coyuntural de la situación de disputa con un sector que se podía hacer *visible* (en el sentido más literal, lo que no siempre es factible) favoreció un aspecto de la contraestrategia de las emisoras ante el discurso de la Presidenta. No se repitió esta circunstancia en los siguientes años. Pero el episodio no fue menor ni inocuo: con el tiempo se corroboró que las intervenciones con imágenes y títulos sobreimpresos también han ayudado a la modulación y modalización de la palabra presidencial por parte de las emisoras de noticias que retomaban la transmisión. Posteriormente, la Ley de Servicios de Comunicación Audiovisual (26.522) estableció en su artículo 75 y su reglamentación, dos restricciones que contemplan directamente situaciones como las descriptas: obliga a las señales periodísticas a tomar la transmisión y les impide alterarla o hacerle agregados durante la misma.

---

[9] Hoy los espacios públicos que se despliegan en las "redes sociales" han promovido otra simultaneidad mediatizada.

[10] También los medios no afines al gobierno sostendrán el procedimiento de la pantalla partida y los textos sobreimpresos para contrarrestar la estrategia de la puesta en escena presidencial en su retransmisión en directo, hasta que la nueva ley restringió esos recursos. Por otro lado, la estrategia de la pantalla partida y la sobreimpresión, así como otros ejercicios argumentativos, funcionaron de manera regular como forma de edición posterior a la Cadena, aún luego de la ley 26.522.

El 1° de abril y el 18 de junio de 2008[11] se produjeron dos actos multitudinarios en la Plaza de Mayo, actos promovidos como apoyo a su gobierno en la compleja coyuntura política de tensión con el sector agropecuario. Única oradora en esos actos, la voz de Cristina encarnó a Eva Perón, tal como lo muestra Ramírez Gelbes (2012). Con mayor nitidez en el acto del 18 de junio, extrajo una voz "más aguda de lo habitual", "enronquecida", cuya visceralidad soportaba "una gestualidad y un tono crispados, encendidos" (Ramírez Gelbes, 2012: 296). El eco sonoro de la Eva oradora frente a la masa, fue realzado a su vez por el eco visual de la televisación, que emuló la *figuración* (Traversa, 1997) de los individuos y de la multitud en la plaza prestando su apoyo, tal como puede verse en las escenas filmadas de manifestaciones durante el primer peronismo[12]. La imagen del abrazo final con Néstor, inmortalizado como emblema del kirchnerismo, también se apoyó en la iconografía del peronismo originario. Si durante los años de gobierno kirchnerista, el uso de simbología peronista o justicialista acaso fue reducido[13], la voz, los cuerpos, las puestas en escenas por el contrario, aportaron la principal sustancia a la estilística de sus actos públicos. Con respecto a la voz, Cristina no repitió la figuración que evocaba a Eva.[14] En lo venidero, en cambio, produjo su propia paleta de tonos vocales, que –conviene remarcar– fue enunciativamente significativa y sensible a los contextos. Sus tonos se ajustaron según dos grandes modos que siguen la lógica del entorno: un modo expansivo para los espacios abiertos (plazas, predios abiertos al público) y otro algo atenuado para los espacios de encuentro cerrados (salones de la Casa Rosada, recinto del Congreso, espacios acotados, interiores). Esos dos modos ofrecieron una intensidad alta y una media-alta, respectivamente, contrastando con los de baja intensidad en los pocos mensajes dirigidos en la modalidad *contacto* (cuyo primer episodio se producirá el 1° de noviembre de 2010). Esta adecuación es significativa: si bien podría verse como "natural" que en un mensaje dirigido a solas frente a una cámara el tono de la voz no suene altisonante (en contraste con la efusividad de los actos multitudinarios, grandes y bulliciosos). Sin embargo, en la historia argentina, hay antecedentes memorables de otras estrategias de Presidentes que hablaban enfáticamente a solas frente a la cámara y Ministros de Economía que vociferaban en sus anuncios las medidas y restricciones dirigidas a la ciudadanía. La performá-

---

[11] Videos de fragmentos de esos discursos: (recuperados 10/08/2017)
(del 01.04.2008) https://www.youtube.com/watch?v=ol4sem1G-Fo
(del 18.06.2008: https://www.youtube.com/watch?v=Bro_4RHesGo
[12] Videos de fragmentos de discursos de Eva Perón y de sus transmisiones en los que se aprecian estas operaciones de figuración (recuperados 10/08/2017): del discurso del renunciamiento de Eva Perón (en agosto de 1951) https://www.youtube.com/watch?v=HF_RI0xK0xU ; del discurso en el día de la lealtad (17 de octubre de 1951 y primera transmisión televisiva en Argentina) https://www.youtube.com/watch?v=cMrVm7j4nzU
[13] La efigie de Evita, surgiendo por detrás de Cristina (visible desde el edificio del Ministerio de Desarrollo Social) en numerosos discursos desde casa de Gobierno, fue el emblema de esas excepciones.
[14] Sin embargo, la erótica performática de Cristina no está en absoluto desagregada de la saga que ha conformado nítidamente con Eva Perón (Valdettaro, 2014: 138-139).

tica de los tonos de voz, reticente a ser codificada por la infinidad de matices y variables, es más bien referible a partir de su función *ilocutoria* por mecanismos indiciales; los tonos se vuelven reconocibles por recurrencia y *hábito*, pero no por ello, esta performática es arbitraria y convencional.[15]

Pero hay otro aspecto saliente en la estrategia de discursos de Cristina, que hace al sentido del uso tonal de su voz. Ejerció dos variaciones reconocibles que modalizaron a una gran proporción de sus discursos, variaciones que podríamos llamar *replicación* y *advertencia*. Apoyándonos en el dispositivo analítico de lo enunciativo de Verón (1987a) del discurso político, la replicación consistiría en una modalización de enunciados nutridos de los componentes *descriptivo* y *didáctico*,[16] en los que se exponen y evalúan situaciones específicas o "principios generales" respectivamente; de manera análoga, la advertencia refuerza modalmente enunciados con un componente *prescriptivo* acerca de un deber. ¿En qué se diferencia la estrategia de Cristina? ¿Cuál es el valor agregado de una dinámica que no es alcanzada por la clasificación *veroniana* de los componentes enunciativos del discurso político? Su voz manifiesta un énfasis cuya carga *antitética* no puede entenderse en el marco de una interpelación a sus oyentes inmediatos, copresentes, caracterizados por su relación de afinidad y apoyo. Vale decir que construye un co-enunciador (Culioli, 1990) al que se contrapone, con el que polemiza. Articuladas con la estrategia modal que llamamos *show*, ambas modalidades organizan enunciativamente una trirrelación entre la figura enunciadora, el destinatario copresente (copartidarios o afines) y un tercero aludido. Ese tercero aludido emerge como antagónico por la entonación –algunas veces también reforzado en lo explícito– en desfase con el encuentro copresencial. Y así como las variaciones de la intensidad (alto, medio-alto) son adecuadas al encuadre situacional del ámbito de declamación, formando parte y completando la puesta en escena del acto político de su discurso, la divergencia entre el tono de advertencia o de replicación y la relación de cercanía emotiva y de concordancia con su auditorio inmediato adquiere sentido como respuesta a sectores a los que alude con su matiz tonal enfático, marcando el disenso y la contraposición.

---

[15] La caracterización de arbitrario y convencional de los ilocutorios se debe en gran medida a los postulados lingüísticos de Austin (1982) y de Ducrot (Ducrot y Todorov, 1995: 385). Aquí estamos aplicando la noción de *ilocutorio* a la entonación vocal, lo que es ya una adaptación un tanto forzada de la instanciación enunciativa. Buena parte de las operaciones enunciativas son, precisamente, *consuetudinarias*, y por tanto no remiten a un código en el sentido técnico del término, que incluye lo arbitrario y lo convencional, sino a una sedimentación que se reconoce como pertinente (o no) producto de su normalización, sea que el hábito remita a un esquema más o menos "individual", "grupal" o "cultural", lo que incluye factores discursivos y extradiscursivos.

[16] Entendemos que la caracterización de Gindin (2017) sobre el *ethos magistral* se complementa bien con la comprensión del fenómeno *show*, ya que no es sólo el componente didáctico y sus recursos argumentativos: es una escena completa, con el co-enunciador escenificado en espacio y voz/cuerpo.

Entre lo erótico y la muerte: evolución del cuerpo presidencial.

El 27 de octubre de 2010 fallece su marido y expresidente, Néstor Kirchner. Durante tres días se velaron sus restos en la Casa Rosada, por la que circularon cientos de miles de personas para saludar también a la presidenta y su familia. La transmisión televisiva de estos funerales tuvo una cobertura oficial e ininterrumpida, replicada a su vez por todos los canales de aire y de noticias por cable. La figura de Cristina fue sin dudas la más importante. Su cuerpo fue atractor de miradas sobre cómo procesaba, cómo transfundía su dolor íntimo en conjunción con su exposición política. En el espejo, otro cuerpo, el su marido, no visible, y fallecido.[17]

Apenas cuatro días después, Cristina da un mensaje en Cadena Nacional, con una modalidad absolutamente diferente a la que venía empleando: el discurso sale grabado, ella está a solas en su despacho, mirando a cámara. Conservando el luto que no dejará de manera plena por los siguientes dos años, hace mención a su "momento más doloroso" (en réplica a quienes, dice, anunciaron que es su momento "más difícil"). La escena es densamente íntima, colmada de indicios: su cuerpo satura la circunstancia, la voz exuda congoja mientras sus manos se acarician de desconsuelo y conmoción. Cada instante en el hilo de su discurso parece el último antes del quiebre, que no se llega a producir. Un par de semanas más tarde, menos conmovida, retoma este esquema, conservando en su voz el tono cercano, íntimo, para anunciar la renegociación de la deuda con el Club de París. Alude a su momento personal muy sutilmente, sin palabras, solo con *una pausa y un suspiro*, para expresar luego que no va a dejar de tomar sus responsabilidades "porque es mi obligación como Presidenta de todos los argentinos". Estos dos mensajes confirman y a la vez desafían la teoría de los dos cuerpos, tal como se concibe desde Kantorowicz. Si el cuerpo natural del rey flaquea, lo que se protegerá es el cuerpo más importante, el cuerpo político, incluso a costa de aquel. Cristina pone el cuerpo natural, doliente, como modalizador del cuerpo político, como revelador o *performador* de una fortaleza política. Este encuentro entre las dos dimensiones quedará más al descubierto como parte de la estrategia discursiva presidencial. Si bien –diluida entre otros signos– estuvo desde un comienzo, esta circunstancia extrema la hará evidente y la consolidará.

Por casi todo el resto de su permanencia en el cargo, Cristina volvió en sus presentaciones públicas a la modalidad *show*. Su cuerpo, sin abandonar el simbólico negro de luto, modalizó sus presentaciones con las variaciones de atuendos (Soto, 2012). El caso más saliente, seguramente, fue el del lucimiento de calzas o *leggins* en una inauguración en Ezeiza, en septiembre de 2013. El detalle -que levantó revuelo periodístico y en las redes- remarcó otra dimensión que en su estrategia, desde sus inicios, Cristina también modalizó en cuerpo y palabra: la condición del género.[18]

---

[17] Analizamos con mayor detalle este episodio en el capítulo 5.

[18] Incluso el suplemento *Entremujeres* del diario Clarín (el medio más crítico de su gobierno) tituló, en clave cuestionadora de los discursos cuestionadores, "Las calzas de Cristina... ¿Por qué no?" sobre lo cual interro-

El gesto –aunque ocasional– fue tildado de excesivo: suficiente para ser eficaz. Cristina desplegó numerosos gestos de feminidad incrustada en un cargo históricamente masculino o masculinizado, problemática que arduamente también atravesaron primeras mandatarias como Dilma Rousseff y Michelle Bachelet en Latinoamérica, Angela Merkel y Margaret Thatcher en Europa, así como candidatas francesas o estadounidenses que no llegaron a ocupar el cargo.[19] Acaso Cristina haya encarnado la erótica femenina del poder en una performática inédita en la historia argentina, y bastante inusual en otros países.[20]

El 8 de octubre de ese año Cristina se sometió a una cirugía que la mantuvo fuera del cargo y en reposo por cuarenta días. El 18 de noviembre reapareció en público, eligiendo una modalidad también excepcional e innovadora. No empleó el medio televisivo, sino que subió a su cuenta de Twitter un video filmado por su hija, Florencia. Los marcadores enunciativos que encuadran esta modalidad están volcados en el comienzo de video, en el que se da un doble juego con el dispositivo de la mirada. Cristina, mirando de frente a cámara, pregunta: "Florencia, ¿podemos empezar?". Pero la imagen es la de un visor de pantalla, con un gran recuadro negro e indicadores gráficos: no es la imagen sino *la imagen de una imagen* de Cristina. De inmediato, otra imagen (otra cámara), levemente lateralizada y sin recuadro, la toma diciendo "¿Ahora sí? Bueno. Hola". El montaje regresa a la primera pantalla a la que señala y pregunta: "¿Es ésta cámara que tengo que mirar o a la tuya?", y señala fuera de campo. Finalmente, retorna a la segunda imagen, la escorzada, que será la definitiva, y volverá a saludar: "Hola. Después de tantos días estamos de vuelta en contacto. Florencia está detrás de la cámara, me está filmando…". La red social, la doble cámara que señala que *alguien* filma, su indicación física y verbal de ello, el escorzo, encaja con la situación hogareña desde la que hablará durante 6 minutos y 54 segundos, saldrá de campo y volverá a entrar, se cruzará frente a cámara y terminará parándose en el cierre - abrupto- del video. Ese reingreso al espacio público mostró un cuerpo sin rastros de dolencia ni convalecencia, acentuado por una modalización que quitó del medio también todo rastro de protocolización. Si evitar la modalidad que llamamos *intermediación* (no entrevistas, no conferencias de prensa, no visitas a programas de televisión) ya era una característica discursiva de su estrategia, y si su oratoria acentuaba la liberación de los modismos protocolares, en este video se apuesta modalmente por una enunciación doblemente des-intermediada: una suerte de cuerpo *natural* (en el sentido de contrapuesto al cuerpo *político*) en estado *natural*: sin medios ni institucionalidad.

La apuesta fue diferente en su mensaje del 26 de enero de 2015. A pocos días de la muerte del fiscal Nisman, presenta por Cadena Nacional el envío de un proyecto al Con-

---

gaba desde el antetítulo: "¿Una cuestión de género?" 27/09/2013 - 13:40 hs https://www.clarin.com/genero/calzas-cristina-kirchner-moda-prejuicios-genero_0_HJPra6FwXx.html (Recuperado 09/08/2017)

[19] Coulomb-Gully, 2012; Soto, 2012; França y Guimarães Corrêa, 2012; Bastian Tramontini, 2014; Panke e Iasulaitis, 2016; Vitale, 2016.

[20] El trabajo de Valdettaro (2014), es excepcional en su profundización sobre este aspecto de la performática de CFK.

greso para la creación de la Agencia Federal de Inteligencia. La escena invirtió las cargas: la primera imagen es un plano general que toma de frente a la Presidenta, sentada en una silla de ruedas, con un pie enyesado. Mirando a cámara comenzó diciendo: "Bueno, buenas tardes a todos y a todas. Este es un lugar, una posición, un tanto inusual para comunicarme con ustedes, pero contingencias de la salud y prescripciones médicas me obligan a hacerlo de esta manera". La cámara se acerca lentamente, y mantiene un plano americano hasta el final. Vestida completamente de blanco, dio un discurso cuyo tono fue tenso durante los 58 minutos y medio que duró. Su disertación fue nítidamente respuesta a un contexto de adversidad, su cuerpo lo expresó mostrando el límite del propio cuerpo, en estado, posición y vestimenta. La imagen no disimuló esa tensión (la silla de ruedas podría no haber sido exhibida) sino que fue su puesta en escena, una puesta en el límite, en contacto pleno con la cámara.

El espectáculo de los colectivos: ceremonias y liturgias.

Estado y espectáculo, escribió Debray ([1993] 2000: 63) son términos redundantes. "Un estado que no diera nada a ver y a escuchar, sin rituales, monumentos y documentos, sería peor que un rey sin diversiones: una nada. Lo que explica la frivolidad de las denuncias en boga del 'Estado espectáculo'. Son las modalidades del 'espectáculo' las únicas que hacen época y sentido". Nos preguntamos ahora por el tipo de espectáculo que puede definir una época.

El kirchnerismo fue, también, la configuración de un espectáculo político. Él mismo se ofrendó como tal, de la manera y en el lugar –¿el único, quizás?– en el que ese espectáculo puede realizarse de forma perfecta: como congregación colectiva televisada, en vivo y en directo. Esos espectáculos fueron menos piezas de comunicación electoral que encarnaciones dramatizadas de las formas de legitimidad que pueden fundamentar un liderazgo y una identidad política. De ese tipo de espectáculo de autocelebración política –de configuración de un colectivo- queremos hablar ahora.

Para eso vamos a comparar dos tipos de actos políticos, dos modos de intervención sobre el espacio público mediatizado que, conforme fue avanzando el segundo gobierno de Cristina, tendieron a superponerse hasta darle forma a una verdadera liturgia política.

El primer tipo de acto corresponde a la irrupción del espectáculo televisado de investimento público de la juventud kirchnerista como sujeto político al que Cristina asigna, sobre todo a partir del año 2010 y con más fuerza luego de la muerte de Néstor Kirchner, el rol protagónico de encarnar la continuidad del "proyecto" y que se asigna a sí mismo la tarea de cuidar y proteger a su líder. Para ordenar la exposición hemos elegido una serie de cuatro actos que estudiaremos a partir de sus registros audiovisuales: el primero, es el acto del 14 de septiembre de 2010 en el Luna Park; el segundo, es el acto realizado en el Club Atlético Huracán, el 11 de marzo de 2011, en conmemoración del aniversario de la victoria del justicialismo en las elecciones presidenciales de 1973; el tercero, es un acto en el estadio del Club Vélez Sarsfield, el 27 de abril de 2012; y el último de esta serie es el primer "patio militante", del 20 de noviembre de 2013.

La segunda serie corresponde a la celebración del 25 de mayo. Fecha fundacional de la historia argentina, el 25 de mayo fue, a su vez, el día elegido por Néstor Kirchner, en 2003, para asumir como Presidente de la Nación. Esa superposición entre una celebración patria y la toma de posesión del cargo presidencial se fue convirtiendo, especialmente a partir del fallecimiento de Néstor Kirchner en 2010, en un signo de trascendencia histórica, pues facilitó la identificación de un hito de la historia nacional para anudar dos relatos fundadores: el de la Patria y el de su renacer de mano del "proyecto" kirchnerista, luego de la profunda crisis que estalló en diciembre del año 2001 en Argentina. Progresivamente, la celebración de la declaración de la independencia –fecha ritual del calendario cívico argentino– fue mutando en autocelebración del kirchnerismo como proyecto nacional y popular. Como consecuencia, con el correr de los años se fue acentuando una tensión entre la invocación a una totalidad social y su efectiva encarnación en un colectivo de fronteras identitarias necesariamente diferenciadas y excluyentes.[21] Si esta tensión puede resultar un objeto de análisis interesante es porque se expuso, precisamente, en una instancia institucionalmente orientada a reponer, aunque más no sea circunstancialmente, un momento de comunidad plena. En este caso, tomaremos como referencia otros cuatro actos, televisados por Cadena Nacional: el del 2012 (celebrado en Bariloche, provincia de Río Negro), y los de 2013, 2014 y 2015, realizados en la Plaza de Mayo.[22]

Si bien, como vemos, la secuencia de actos puede ordenarse en momentos (con sus días, sus fechas, sus lugares) lo que nos interesa es reconstruir dos aspectos que, a nuestro entender, terminaron por ser rasgos distintivos y, al menos hasta diciembre de 2015, consustanciales a la identidad política del kirchnerismo.

El primer aspecto es la consolidación de un *régimen de visibilidad* (Landowsky, 1985) que llamamos *ceremonia partisana* y que funciona como el momento más pleno de escenificación de una comunidad militante con un líder. De este tipo de acontecimientos mediáticos el kirchnerismo ofrece muchísimos ejemplos; por eso, no es el tipo de régimen de visibilidad en sí mismo lo que merece atención sino su progresiva incorporación a otro tipo

---

[21] Esa tensión entre la singularidad de una identidad y la universalidad de la invocación a la nacionalidad, tensión dramática en la historia política nacional, remite también al peronismo clásico. Analizando el lugar que la Plaza de Mayo ocupó en las manifestaciones colectivas durante los gobiernos de Juan Domingo Perón, Sigal (2006) agrega que "a esta significación [se refiere a la relación privilegiada de la Plaza con la Patria] el peronismo articuló la suya en una combinación inestable de totalidad y parcialidad social". Algo similar ha sostenido Plotkin (1995) en su reconstrucción del *17 de octubre* como fecha fundacional del peronismo: "Gradualmente, los 17 de octubre perdieron su carácter conmemorativo para convertirse en rituales en los que se recreaba la comunión simbólica entre el líder y el pueblo peronista".

[22] Todos los videos fueron obtenidos a través del canal oficial de Youtube de la *Casa Rosada* en septiembre de 2016.

de ceremonias –también televisadas y por Cadena Nacional– en las que la liturgia política se convierte en autocelebración de un colectivo.

El segundo, se vincula con la dimensión narrativa –propiamente lingüística– del discurso político. Una estructura argumentativa que, como bien lo explicó hace tiempo Eliseo Verón, es una condición necesaria para construir "colectivos identitarios de largo plazo" (Verón, 1998). Podríamos decir: este segundo aspecto es la configuración de un *relato* y, aún más, del *Relato*, concebido en su doble registro de *estrategia narrativa* y de *objeto de y en disputa*.

Los herederos: investimento y designación de la juventud kirchnerista.

Hay un período, que a grandes rasgos se empieza a delinear en 2008 y se consolida hacia 2010, en que el soporte militante del kirchnerismo se empieza a organizar definitivamente como "juventud". En su periodización de la militancia kirchnerista entre 2003 y 2015, Rocca Rivarola (2017) considera que se trata de un tercer momento al que define como de "reactivación de la identidad peronista por fuera del PJ y de profesionalización de la militancia"[23] (2017: 334). Se trata de un proceso de variación en la relación de fuerzas al interior del oficialismo, ascenso vertiginoso de la Cámpora y proliferación de otras nuevas organizaciones. El "ethos militante" que Montero (2012) identificó en los discursos de Néstor Kirchner como reactivación de la memoria setentista aparece ahora revitalizado y actualizado, porque el sujeto que lo encarna no es una figura de la historia sino un colectivo agitado, movilizado, un interlocutor directo y fiel.

"El que está en televisión y quiere escuchar a la presidenta que apague el televisor, porque sólo va a escuchar a una militante peronista", dice Cristina en un breve fragmento de su discurso frente a la Juventud Peronista, reunida en el Luna Park el 14 de septiembre de 2010. Detrás de ella, un palco repleto de militantes de esa juventud, montada en un atril de cuyo frente cuelga una bandera del "Nestornauta", y acompañada, en una mesa situada a su lado, por el propio Néstor Kirchner, apenas recuperado de una intervención quirúrgica, Cristina ofrece un discurso programático ("Necesitamos volver a crear utopías, objetivos de vida, ayuda al prójimo, que nos lleven a saber que no hay destinos personales ni individuales") frente a una multitud que grita, que canta ("Cristina, Cristina, Cristina corazón, acá tenés los pibes para la liberación"), que salta y a la que ella bautiza: "ustedes son la Juventud Peronista del Bicentenario".

---

[23] Rocca Rivarola (2017: 334) habla de la "profesionalización de la militancia" definida como la dedicación de tiempo completo del militante a la política, de dónde obtiene su ingreso, y señala que es errado proponer un análisis totalizante, ya que "el material empírico da cuenta de una multiplicidad de modalidades distintas de esa articulación cotidiana durante todo el ciclo [2003-2015]".

El acto es una típica *ceremonia partisana*, un régimen de visibilidad que se define porque escenifica el liderazgo como capacidad de conducción de una fuerza política y la pertenencia a una identidad acotada, singular, de partido. Así como las movilizaciones ceremoniales, las ceremonias partisanas, organizadas por el partido de Gobierno, deberían caracterizarse por su excepcionalidad: no pueden convertirse en rutina pero tampoco someterse al calendario ritual. *Son intercalaciones tácticas*: se insertan en la circulación pública de discursos para cristalizar un escenario político. Por eso, al menos en la secuencia que estamos revisando, funcionan como actos *para-institucionales*, realizados en sitios cerrados de la topografía urbana. El espacio cerrado, la cercanía del auditorio, la lógica de la distribución topográfica de lugares, habilita la conformación de una suerte de *circuito cerrado*, que se confirma en la proxemia bajo la forma de gestos cómplices, de miradas cruzadas, de sobreentendidos, de breves piezas dialogales con voces que llegan desde el público.[24] Pero no hay circuitos cerrados si hay televisación.

Curioso pedido el de Cristina, entonces, porque finalmente el acto está siendo televisado y, allí, ella no es "sólo una militante más". Y no lo es porque no puede dejar de ser Presidenta, porque sólo en esa condición puede aspirar a reubicarse como una más. Y esa disociación, que Cristina quizás pudo hacer porque, en efecto, siempre fue una militante, debe poder hacerla, también, el espectador, incluso una vez apagado el televisor.[25]

Una escena similar se produce –o, mejor: es producida– en el acto del 11 de marzo de 2011 en el estadio del Club Huracán en recuerdo del 38º aniversario del triunfo de Héctor Cámpora en las elecciones presidenciales de 1973. El estadio está repleto, las cámaras ofrecen planos generales, panean sobre la multitud embanderada y ruidosa. El discurso audiovisual, sincronizado y atento a los vaivenes y a los picos dramáticos de la alocución presidencial, refuerza y habilita tanto una operación de identificación referencial (esas multitudes, esos cuerpos agrupados que no pueden individualizarse, son un colectivo unificado) pero que requiere del trabajo de ordenamiento simbólico que provee el discurso de Cristina para realizar una operación de lectura simbólica: no son apenas multitudes, son "la generación del Bicentenario", "la juventud del campo nacional y popular", que "se está incorporando a la política no contra alguien sino por alguien: por los argentinos, por seguir mejorando las cosas". Y frente a esa juventud Cristina se presenta: "quiero decirles que esta tarde en Huracán no está la presidenta de la república sino la compañera de todos ustedes y como compañera quiero pedirles a todas y a todos que este acto de este 11 de marzo sea en recuerdo y homenaje a quien fuera mi compañero de toda la vida".

---

[24] Por ejemplo, en un pasaje de su alocución se escucha a alguien gritarle "Aguante Cristina", y ella interrumpe el hilo del discurso: "Claro que vamos a aguantar, si te parece que no hemos aguantado, hemos aguantado lo que nadie creo que ha aguantado". En ese momento, las cámaras toman una imagen de Néstor Kirchner saludando al público haciendo la "V".

[25] Esta escena es el opuesto complementario de los discursos -que repasamos en la primera parte- en la que Cristina habla como Presidenta por Cadena Nacional bajo la operación enunciativa de dirigirse con su mirada a su auditorio copresente: pese a hablar como mandataria de todos los ciudadanos, su discurso fuga como ceremonia partisana.

Ese gesto de apertura, convertido en ritual, se repite en el acto del 27 de abril de 2012 en el estadio del club Vélez Sarsfield: "Compañeras, compañeros, lo primero es lo primero: como presidenta, pero principalmente como militante, quiero agradecerles a todos ustedes esta verdadera fiesta de júbilo, de alegría y de nacionalidad". La fecha del acto es importante: la propia Cristina explica que había sido pensado para el 11 de marzo, pero que ella sugirió realizarlo el 27 de abril, fecha de la elección que en 2003 colocó a Néstor Kirchner en posición de competir en segunda vuelta para acceder a la presidencia de la Nación. Fecha histórica, dice Cristina, "cuando comenzamos nosotros mismos a construir a partir de nuestras convicciones históricas, de nuestros principios políticos, una historia que estamos escribiendo nosotros mismos y que jamás permitiremos que la vuelan a escribir desde afuera".

Este acto es ya una liturgia política: no sólo supone una exaltación colectiva y el reforzamiento de un orden, sino la exposición de una carga afectiva y una intensidad emocional que apunta a la revitalización del colectivo político (Rivière, 2005). La televisación acompaña y modaliza esa intensidad: panea sobre las agrupaciones, que pueden distinguirse por sus banderas pero también, a diferencia del acto en Huracán, se acerca a conjuntos de personas que cantan, agitan sus brazos y se abrazan. El discurso audiovisual limita las generalizaciones: esos rostros no son necesariamente "jóvenes", aunque sí militantes. Es el discurso de Cristina el que recorta y abstrae, y opera el acto de unción: "quiero decirle a los jóvenes, a esos que agitan las banderas del Che, de Tupac Amaru, de Evita, que ustedes son la generación del Bicentenario", y más aún: "Yo siento que los verdaderos custodios de este legado son ustedes, que no van a permitir jamás dar un paso atrás en todo esto que hemos logrado".

Considerados en relación a estos actos, los llamados "patios militantes"[26] resultan una continuación de un régimen de visibilidad que el kirchnerismo ya había consolidado como espectáculo público televisado. Concebidos como variantes de la ceremonia partisana, su novedad reposa en dos rasgos que no por evidentes deben dejar de ser señalados: en primer lugar, el escenario, que ya no será un estadio alquilado, sino la propia Casa de Gobierno: allí, Cristina no podrá, ya, pedir que se la deje de considerar Presidenta; en segundo lugar, el espectáculo de la congregación del colectivo con su líder se cierra sobre la relación, casi íntima, entre Cristina (Presidenta, militante) y la juventud kirchnerista.

---

[26] Al respecto, ver los capítulos 5 y 6 de este mismo libro. Los *patios militantes* fueron una instancia de encuentro entre Cristina y la juventud kirchnerista en los patios de la Casa de Gobierno, y se realizaban generalmente después de algunos actos públicos. El primero de ellos fue el 20 de noviembre de 2013. Usualmente, funcionaban de esta manera: una vez que finalizaba el acto, la juventud ingresaba a la Casa Rosada y allí Cristina les hablaba desde los balcones de uno de los patios internos. Lo interesante, lo notable, es que se trataba de actos televisados, de modo que, nuevamente, eran –de hecho– una exhibición de la identidad kirchnerista.

La creación de una escena política: ceremonia y relato.

Ciertamente, la escena política, el espectáculo televisado de encuentro y unción de la juventud es un rasgo novedoso en el devenir del kirchnerismo y también de la propia figura de Cristina como líder. Sin embargo, el régimen de visibilidad que enmarca esos encuentros no es novedoso como tal. Si nos limitamos al período de los dos gobiernos de Cristina, fue el conflicto con el sector agropecuario el que activó formas variadas de lo que llamamos ceremonia partisana. En esos 129 días –intensos, dramáticos, inciertos– el Gobierno desplegó una serie variada de demostraciones públicas en las que expuso los fundamentos de su legitimidad. Cristina apareció, entonces, como líder nacional, jefa de Estado con responsabilidades sobre el conjunto de la ciudadanía y habilitada, por el voto popular, para tomar decisiones que involucraban, lógicamente, a quienes la habían votado y a quienes no lo había hecho. Pero también exhibió su liderazgo popular y su rol como jefa de partido.

Hay un evento, sin embargo, que permite ver cómo esas tres formas de legitimidad y las variantes de liderazgo asociadas de funden, o se confunden, hasta quedar finalmente superpuestas. Hablamos de la celebración del 25 de Mayo, que en Argentina conmemora la conformación, en 1810, de la Primera Junta de Gobierno independiente de la monarquía española. El 25 de mayo fue, además, la fecha de asunción, en 2003, de Néstor Kirchner como Presidente de la Nación. Ya hemos señalado, en otro capítulo de este libro, que con el tiempo, esa coincidencia fue convertida en un símbolo de trascendencia histórica: la celebración del nacimiento de la *patria* y la autocelebración del kirchnerismo como proceso y como fuerza.

Vamos a detenernos en algunos rasgos singulares de las celebraciones del 25 de mayo entre los años 2013 y 2015. En estos años se produce un movimiento de incorporación del régimen de visibilidad típico de la ceremonia partisana a una celebración cuya función es invocar una forma de comunidad nacional. Más específicamente, el formato de la *ceremonia partisana* consagrado a celebrar el encuentro de Cristina con la juventud kirchnerista es el que progresivamente se irá incorporando a los actos conmemorativos del 25 de mayo, en especial a partir del año 2013, a medida que el kirchnerismo se fue definiendo, cada vez con más claridad, como un movimiento dinamizado por (pero no por ello reductible a) la relación directa y privilegiada entre Cristina y "los pibes", "los soldados de Cristina".

Crear una escena política no puede ser un acto de magia de márketing electoral. Una escena política, esto es, la escenificación pública regular de un colectivo de identidad, requiere, ante todo, de la existencia de ese colectivo, de su permanencia en el tiempo. El espectáculo de una congregación, además, definida en función de la relación entre ese colectivo y un líder, es un momento de exhibición y condensación, una instancia en la que sus protagonistas –en este caso, una fuerza política a cargo del Gobierno del país– pueden elegir cómo mostrarse, junto a quién, qué decir, a quién hablarle. Por hipótesis, entonces, estos actos importan menos por sus efectos (¿generan adhesión o rechazo?, ¿convencen o reafirman creencias previas?) que por el hecho de que son –siempre– el signo de acuerdos precedentes y la cristalización de un estado de situación. Aún más en este caso: como el 25 de Mayo, en Argentina, es una celebración inscripta en el calendario cívico, y como tal es cíclica, permite entender las continuidades y las rupturas de un proceso político. De modo que el estudio de estos actos –que concebimos como *intervenciones sobre el espacio público*– permite reconstruir la delimitación de una fuerza política que se exhibe en la escenificación cada vez más ordenada de sus apariciones públicas.

Por contraste con las celebraciones oficiales del 25 de Mayo de los gobiernos precedentes desde el retorno de la democracia en 1983 los actos kirchneristas pronto descartaron la fanfarria y la tirria, el ceremonial militar (aunque no el eclesiástico) adoptando un elemento diferencial: la movilización popular. Como bien lo han mostrado los estudios de Natalucci (2012 y 2014) y Natalucci y Pérez (2010 y 2014), la "matriz movimentista" fue la contribución de las organizaciones sociales a las que el Frente para la Victoria integró al denominado Frente Transversal como contrapeso del Partido Justicialista en el período 2003-2006. Entre esas organizaciones, las más importantes –Movimiento Evita y Movimiento Barrios de Pie– provenían del espacio militante de organizaciones sociales que estructuraron la oposición no partidaria al neoliberalismo. Su incorporación como aliados a un Gobierno Nacional implicó, por lo tanto, una novedad. Pérez y Natalucci (2010: 108), explican que "si la coyuntura generó nuevas oportunidades que a su vez provocaron un desplazamiento en la entidad considerada antagonista: ¿qué lugar le quedaba a la movilización? Y ¿cuál era el escenario privilegiado para la disputa y construcción política? (…) Esa movilización ya no era de confrontación en el sentido de que no estaba atravesada por un conflicto político; no era el Estado el destinatario de las demandas. En estos términos, si la movilización era de apoyo y no de confrontación, en consecuencia, el escenario privilegiado debía ser la Plaza de Mayo". El 25 de mayo de 2006 esa confluencia se objetiva en la llamada "Plaza del Sí", en la que el Frente para la Victoria celebró su tercer año de Gobierno, y que, como lo han notado Montero y Vincent (2013) marca el inicio del "kirchnerismo puro".

A continuación, sintetizamos en algunos puntos los rasgos más salientes de este proceso.

En primer lugar, la televisación permite observar la delimitación de una fuerza política, que se exhibe en la escenificación cada vez más ordenada de los actos, que se perfeccionan en tanto espectáculos; perfeccionamiento técnico y escénico, y delimitación cada vez más clara de su espectador modelo, de su sujeto, de un interpretante del kirchnerismo de la era *Cristina, la juventud*. Es Cristina quien, cada vez con más insistencia, va producir esa especificación, porque básicamente elige a esa juventud políticamente organizada como interlocutora directa: son los que están ahí, frente a ella ("Yo quiero recordar y veo en todos ustedes, en esas caras jóvenes, las caras de otros jóvenes, de French, de Beruti, de Moreno, de Monteagudo los verdaderos cerebros de esa revolución"), y con quienes ella habla:

Por eso, cuando aquel 2 de abril, allá en el Sur, en la Patagonia recordando Malvinas dije "la Patria es el otro", no estaba pensando en una frase o en un eslogan; la tragedia que después ocurrió vio a esta juventud increíble que se incorporaba a la política, volcarse al trabajo solidario para ayudar a esos que habían sufrido la tragedia. Y verlos hoy enarbolando sus banderas cuando vienen a los actos; cuando los veo hoy en los barrios junto al Ejército Argentino ayudando a los que menos tienen cavando zanjas; cuando los veo hoy investigando en las universidades y en los laboratorios porque hemos vuelto a tener universidad, recursos para poder hacerlo; cuando los veo hoy en las nuevas universidades y con las nuevas posibilidades, siento realmente que se ha cumplido una parte importante de la tarea. (25/05/2013)

En segundo lugar, se manifiesta la composición cada vez más delimitada de la identidad de los colectivos que participan de esa liturgia. Se mantiene entonces el *grado cero* de ese régimen de visibilidad, instaurado en 2006, definido por la forma movimentista, pero los protagonistas ya no son las organizaciones sociales pertenecientes a lo que Natalucci (2012) llama "espacio organizacional militante" sino una "juventud" que además es "kirchnerista" y que asume como tarea política la protección de su líder: "Che gorila, che gorila, no te lo decimos más, si la tocan a Cristina, qué quilombo se va a armar".

Tal como lo ha descripto con precisión Sandra Valdettaro (2014) la adecuación a una *forma performática* participa del perfeccionamiento de estos actos en tanto que espectáculos mediatizados. En una transposición formatos culturales bien difundidos como los conciertos de música popular, los actos abren y cierran musicalizados con canciones masivas ("No me arrepiento de este amor", de Gilda o "La ciudad de la furia", de Soda Stéreo), el escenario incluye una pasarela por la que Cristina caminará, como adentrándose en la multitud, para saludar una vez finalizado su discurso; también se añade un *mapping* proyectado sobre la Casa Rosada o el Cabildo y un show de fuegos artificiales como momento culminante. A su vez, se perfecciona el juego de cámaras y planos de la televisación, en particular el uso recurrente de *paneos* dinámicos (con movimientos en picado y contrapicado, y de ida y vuelta) que sobrevuelan la multitud.

Esa misma especialización del lenguaje audiovisual permite la figuración más acabada del colectivo que acompaña en esas plazas a Cristina. La operación de atribución simbólica –argumental– que consiste en la construcción de un pro-destinatario que es una juventud *militante*,[27] se complementa con las operaciones de figuración y de identificación referencial que la propia televisión facilita y produce. Casi como una fatalidad, la incorporación del pueblo, su encarnación actualizada y ya no su evocación discursiva, es un recorte, una exclusión. Y la mediatización televisada acentúa este fenómeno: al trabajar sobre

---

[27] Es importante que aclaremos que la reivindicación de la figura de la juventud militante es un rasgo que caracteriza al discurso kirchnerista desde sus orígenes, como con precisión lo ha estudiado Montero (2012) en su análisis de los discursos de Néstor Kirchner, entre 2003 y 2007: "Los militantes son retratados como jóvenes idealistas y soñadores, como activistas comprometidos con su causa, como hombres y mujeres 'comunes', que eran 'parte del pueblo' y cuya práctica política se fundaba en la fraternidad, el júbilo y la alegría compartida" (Montero, 2012).

la indicialidad, sobre la mostración y la identificación, hace que la dimensión propiamente simbólica (*terceridad*) que permitiría concebir al pueblo como un colectivo que se superpone perfectamente con los habitantes de la nación, se debilite, porque la televisión la torna imposible al exponer los indicadores de pertenencia partidaria. *Ese* pueblo encarnado en la multitud que colma la plaza es una totalidad excluyente.[28]

Hay, finalmente, tres tópicos que ordenarán, como ejes o anclajes narrativos (Patrouilleau, 2010),[29] la estructura de las alocuciones en estos tres actos cuyo régimen de visibilidad predominante es la *ceremonia partisana*.

En primer lugar, la reformulación plena del relato fundacional, que ya no reposa en un colectivo (tal como hasta 2010) sino en Néstor Kirchner, convertido *post-mortem* en una figura providencial:

> En este nuevo aniversario de nuestra querida patria, quiero confesarles a todos ustedes que ni ayer ni hoy han sido días fáciles para quien les habla. Junto a mi condición de argentina, como el resto de los 40 millones que recuerdan y festejan a su patria, surgen en mí también otras imágenes, otros recuerdos, porque hace exactamente 10 años mi compañero de vida y de militancia [aquí, Cristina hace un silencio y la televisación se mueve a un plano general del público y abre los micrófonos para que se escuche este canto: *Néstor no se murió, Néstor vive en el pueblo*], "el presidente –qué paradoja– menos votado de todos los procesos democráticos (…) vino a encabezar el proceso de transformación y cambio más importante de las últimas décadas". (25/05/2013)

> Y planteo entonces la necesidad de que esta generación del siglo XXI, que ha dejado atrás un mundo que no existe ni política ni geopolíticamente, la necesidad de elaborar a partir de nuestras propias experiencias como país, reelaborar todo ese pensamiento del siglo XX y retomar como generación la necesidad de formular un proyecto de país que tiene sus cimientos y sus pilares fundamentales en ese 25 de mayo de 2003 cuando un hombre al que le habían dicho –como a todos los argentinos– que era imposible construir un país donde hubiera trabajo, buenos salarios, donde los empresarios pudieran ganar plata y pudiéramos pagar la deuda, él dijo que había otra manera de gobernar, de pensar y que la iba a llevar adelante, y dejó la vida en eso de llevarla adelante. (25/05/2014)

En segundo lugar, la estabilización de una narración histórica (e incluso de una historiografía) de corte revisionista, que incorpora abiertamente al propio *kirchnerismo* en la saga de los gobiernos populares:[30]

---

[28] Esto ya había sido notado por Retamozo (2013), aunque no necesariamente en referencia a estos actos. El autor explica que, en un primer momento, el "kirchnerismo" interpeló a un doble sujeto: a la ciudadanía (*populus*, los *argentinos*) en búsqueda de un electorado post-electoral, pero al mismo tiempo hizo otra inscripción del *pueblo*, la *plebs*, recuperando una tradición plebeya del peronismo, interpelando a organizaciones en el marco de la lucha contra sectores definidos como dominantes, reaccionarios, neoliberales y de derecha.

[29] La autora concibe los anclajes narrativos como puntos de referencia de la "narración", es decir, de la operación de estabilización de significantes en el curso de una disputa política.

[30] No podemos desarrollar esta idea aquí, pero es interesante revisar cómo esta narrativa se va incorporando a la identidad definitiva del kirchnerismo a partir de la incorporación, tal como lo muestran Pérez y Natalucci

Cada ciclo de gobiernos populares ha tenido ataques feroces, porque en realidad cada una de esas dirigencias no eran ellos el problema sino el obstáculo, las herramientas que la historia del pueblo había tomado para transformar un destino de esclavitud, de atraso. Yo, nosotros, él que no está más, no fuimos importantes por nosotros mismos, somos apenas una herramienta de ustedes, el pueblo, y me refiero no sólo a los que están en esta plaza. Me refiero a aquellos que sin saberlo repiten lo que escuchan y lo que leen. (25 de mayo de 2014)

Finalmente, la unción[31] de la juventud como heredera y responsable programática del *proyecto nacional y popular*:

> Es que no se trata de irse o de quedarse, quiero que lo entiendan, este es un proyecto colectivo, no puede depender de una sola persona, depende de ustedes para que sea ejecutado, profundizado y llevado adelante. Ustedes son lo mejor de todo, los jóvenes, los cientos de miles de jóvenes, los millones de jóvenes que se han incorporado a la actividad política con alegría, con amor, con felicidad.(25/05/2015)

Particularmente estos tres últimos puntos que destacamos muestran, como bien lo ha sintetizado Patrouilleau, "uno de los potenciales de interpelación del kirchnerismo, que es también la fuente de los límites expresados en la multiplicidad de antagonismos que genera". Y ese potencial es "la capacidad discursiva de formular un discurso narrativo que abarca la historia del país y que pone a la actualidad, a sus gestiones de gobierno, como hito fundamental para solucionar la 'maldición' social". En definitiva, un relato.

En nuestro país, a partir del año 2008 y en particular una vez que el kirchnerismo radicalizó su enfrentamiento con el holding Clarín, se consagró esa expresión –"el relato"– para designar, al mismo tiempo, un objeto de disputa (es decir, la construcción de una interpretación cultural, que anudara la relectura de la historia y los logros del Gobierno) y una estrategia narrativa mediante la cual el Gobierno de Cristina habría buscado estilizar narrativamente su propia gestión. Cuando se lo utiliza en el debate público, aún hoy –diez años después– casi sin excepciones se le otorga una connotación negativa, ya sea porque sólo se lo identifica con una herramienta de comunicación política orientada sólo a la "persuasión", o bien porque se lo equipara, lisa y llanamente, a una mentira planificada.

Sin embargo, "el relato" no es, tal y como la crítica opositora lo afirma, un compendio de mentiras o engaños, sino el trabajo (que siguiendo a Pizzorno llamaremos *actividad iden-*

(2014) de las organizaciones sociales en fallido Movimiento Transversal: "De esta forma, el espacio transversal inscribía la movilización kirchnerista en un relato que reunía las luchas populares de las décadas de 1940, 1970 y 1990 como expresión de un mismo conjunto de demandas y un sujeto político que reaparece en los momentos críticos de la historia nacional. En esta nueva etapa, el Frente se proponía «llenar el vacío de representatividad dejado por la crisis de los viejos partidos» (Declaración de la Mesa Coordinadora para un Nuevo Proyecto Nacional, junio de 2004)."

[31] Esa unción pública, claro está, ya se había producido desde 2010. Aquí lo importante es el desplazamiento al centro simbólico –la Plaza– y ritual –la celebración del 25 de Mayo–.

tificante[32]) de hilvanar lo diferente, de subsumir las variaciones, los matices, incluso las contradicciones, en una narración que concibe el devenir histórico como despliegue coherente de un proyecto. Como la propia Cristina en ocasión de la celebración del acto del 25 de mayo de 2012: *"fueron dos gobiernos pero un sólo proceso"*.

Por eso, la banalización que con cierto fervor el antikirchnerismo hizo de la propia figura del "relato" no debe hacernos perder de vista su centralidad en la conformación de *cualquier* identidad política colectiva. Como perfectamente lo entendió Verón (1998) en su reflexión sobre las condiciones que la mediatización tiene (y Verón pensaba, particularmente, en la televisión) sobre la conformación de identidades colectivas: "no pueden construirse colectivos identitarios de largo plazo únicamente con imágenes ni únicamente con el orden indicial de la mirada característico de la televisión". Por eso "la construcción de una nueva legitimidad de lo político plantea el problema de una revalorización del componente lingüístico en el contexto de la televisión".

Como estrategia narrativa, el *Relato* se fue reproduciendo –con una tópica regular, invariante– en estas liturgias, pero no de manera incidental; por el contrario, lo hizo como derivado de un pensamiento programático. Fue la propia Cristina la que, en su discurso de asunción como Presidenta, en diciembre de 2007, dijo:

> Creo también que no sólo las instituciones del Estado en sus tres poderes deben abordar la reconstrucción de nuestro país, creo que también otros estamentos de la sociedad (empresariales, dirigenciales, medios de comunicación) deben saber que el hecho de no integrar el espacio público gubernamental, no los exime de la tarea y de la responsabilidad que a cada uno de aquellos argentinos que tiene un poco más de poder, bastante más poder, diría yo, que el resto de los ciudadanos, tienen también la obligación moral de construir un país distinto. *Nos debemos también un relato diferente de nosotros mismos los argentinos, no autocomplacencia, no de ocultamiento, pero sí el necesario reconocimiento de los logros obtenidos y, en todo caso a marcar lo que falta, pero reconocer lo que se ha logrado"*.[33]

Releía más de diez años después, para nosotros esa confluencia en un mismo párrafo de la mención a los medios como "estamentos" que deben asumir una responsabilidad cívica y la referencia a la necesidad de elaborar "un relato diferente de nosotros mismos" resuenan con el eco de un presagio. Un relato, entonces, que se enuncia como *programa*; se propone en público, no como maquinación encubierta. Si la discusión posterior puede

---

[32] Pizzorno (1985) explica que la acción política, en tanto funda identidades colectivas, puede pensarse de dos modos: como *actividad eficiente y como actividad identificante*. Esta última es la tarea de "constituir, preservar, reforzar las identidades colectivas que aparecen sobre la escena pública bajo sus múltiples formas.... Tal actividad consiste en producir símbolos que sirven a los miembros de una colectividad dada para reconocerse como tales, comunicarse su solidaridad, acordar la acción colectiva". Ahí residiría la "peculiaridad" del lenguaje de los políticos: *"Esta es la trama de lo que hemos llamado, especializando un término del lenguaje común, "discurso político", que obviamente no está formado sólo por palabras y mensajes, información, persuasión e ideología, sino también por modos de relación, por acciones ejemplares, por emociones sugeridas."*
[33] Las cursivas corresponden a los autores.

situarse también en otra dimensión –porque el Relato también tiene su economía política–
lo cierto es que al día siguiente de aquel discurso, uno de los editores del diario Clarín, Julio
Blanck, escribió:

"Lo que se propone Cristina, en uso legítimo de sus derechos y atribuciones, es una cruzada para
adueñarse del *relato* –otra de sus palabras predilectas- de la Argentina de hoy. Esto significa ad-
mitir, y más aún defender, la idea de que la realidad y su percepción se construyen en base a estrategias comunicacionales determinadas, en las que los hechos comprobables son apenas un
insumo, pero no el producto final" (diario Clarín, 11/12/2007).

Un mes después, el politólogo Nicolás Casullo retomó el tema en un artículo publicado
en el diario Página 12, titulado, con buen tino, "La guerra por las agendas":

"La Presidenta no se equivoca cuando apunta que se trata de una disputa por los relatos. Ella lo
dice con cierto eco del campo de los estudios político-culturales, en el intento de darle mayores
fronteras comprensivas, de abarcar un fenómeno social amplio y complejo (que fuga de las lecturas inmediatistas y abruma a la propia política). Hace referencia a una narratología que articulan las grandes corporaciones dominantes y sus voceros, en su tarea de tipologizar gentes,
relaciones, negocios, rumbos, recetas y vaticinios, tarea que intenta hacerse dueña del día, de la
semana, de la encrucijada. Patrimonializar la realidad es situar un relato como centro radiante"
(Nicolás Casullo, "La guerra por las agendas", diario Página 12, 30/12/2007).

Si el Relato se puede concebir como un objeto de disputa, es precisamente porque la
propia pregunta por su entidad (¿qué es un relato en política?) estuvo, desde entonces, ad-
herida a las discusiones sobre el discurso del kirchnerismo.

Curiosa la suerte del *Relato*: si como idea fue anunciada (e, incluso, rotulada) por la propia Cristina, su consagración –su conversión, podríamos decir siguiendo a Bourdieu, en
objeto simbólico– sólo se produjo como un efecto de lectura invertido: primero, en el discurso de quienes, sin duda con sensibilidad premonitoria, entendieron que la Presidenta
hablaba en serio y luego en el discurso de los principales dirigentes opositores, que lo re-
dujeron a su forma menos elaborada: la publicidad política en su variedad genérica de pro-
paganda. Efecto de lectura invertido (el sentido positivo de la palabra en el discurso de
Cristina asume, para los opositores, una carga negativa) pero, no improbable (porque la
propia Cristina habilita una lectura en clave *mediática*, como si todo se tratara de diferentes maneras de "construir la realidad"). El *Relato*, sin embargo, estaba en otra parte.

Como objeto cultural complejo, irreductible al discurso presidencial, pero necesitado
de él para legitimarse, el *Relato* se fue hilvanando como un dispositivo de interpretación
descentralizado–en ámbitos académicos, periodísticos, culturales– que articuló un discurso historiográfico puesto al servicio de la integración del propio kirchnerismo en la historia de los gobiernos nacional-populares en Argentina y del planteo de las condiciones
necesarias para su supervivencia como proyecto político en el futuro. Es decir, una herramienta indispensable para la construcción de una identidad colectiva.

Bibliografía

ABÉLÈS, MARC (1989) "Rituales y comunicación política moderna", en Ferry, J.-M. y Wolton, D. (et. al.), *El nuevo espacio público*. Barcelona, Gedisa.

ABOY CARLÉS, GERARDO (2005) "Populismo y democracia en la Argentina contemporánea. Entre el hegemonismo y la refundación", en *Estudios Sociales*, N° 28, Universidad Nacional del Litoral.

ABOY CARLÉS, GERARDO (2014) "El declive del kirchnerismo y las mutaciones del peronismo", *Nueva Sociedad*, 249: 4-15, Enero - Febrero.

AMATI, MIRTA (2010) "Lo que nos dicen los ritos. Democracia y nación en la Argentina del bicentenario", en *Revista de Ciencias Sociales*, segunda época. N° 18, 179-198.

AMATI, MIRTA (2011) "El discurso presidencial y la recomposición nacional: ritos, relatos y memorias sobre la 'nación' en el 'kirchnerismo'", *Actas de las IX Jornadas de Sociología*, Facultad de Ciencias Sociales, Universidad de Buenos Aires.

AMATI, MIRTA (2013) "Ceremonias públicas y ritos nacionales: abordajes desde la comunicación y la cultura". *VII Jornadas Santiago Wallace de Investigación en Antropología Social*. Facultad de Filosofía y Letras. UBA, Buenos Aires.

AMATI, MIRTA y GRIMSON, ALEJANDRO (2005) "Sociogénesis de la escisión entre democracia y nación. La vida social del ritual del 25 de Mayo", en Nun José (comp.) *Debates de Mayo*, Buenos Aires, Gedisa.

ANNUNZIATA, ROCÍO (2016) "Argentina (II). 'El candidato es el proyecto': la construcción de la narrativa kirchnerista", en Riorda, Mario y Rincón, Omar (eds.), *Comunicación gubernamental en acción: narrativas presidenciales y mitos de gobierno*, Buenos Aires: Biblos, 111-127.

ARDITI, BENJAMÍN (2009) *La política en los bordes del liberalismo: diferencia, populismo, revolución, emancipación*. Barcelona, Gedisa.

ARENDT, HANNAH (1978) *La vida del espíritu*, Madrid, Centro de Estudios Constitucionales.

ARENDT, HANNAH (2003) *Conferencias sobre la filosofía política de Kant*, Buenos Aires: Paidós.

ARONSKIND, RICARDO (2010) "Cambio estructural y conflicto distributivo: el caso del agro argentino", en G. Vommaro y R. Aronskind (Comps.) *Campos de batalla. Las rutas, los medios y las plazas en el nuevo conflicto agrario*, Buenos Aires: Prometeo, 327-353.

AUSTIN, JOHN LANGSHAW (1962) *How to do things with words*, Oxford [(1982) Cómo hacer cosas con palabras: Palabras y acciones. Barcelona: Paidós.]

BALANDIER, GEORGES (1994) *El poder en escenas. De la representación del poder al poder de la representación*. Buenos Aires, Paidós.

BARBERÁ, PABLO (s/d) "How Social Media Reduces Mass Political Polarization. Evidence from Germany, Spain, and the U.S.", New York University, 2015 APSA Conference, Unpublished manuscript. (Recuperado abril 2018 http://pablobarbera.com/static/ barbera_polarization_APSA.pdf.)

BARREIROS, RAÚL (2005) "Paisaje del público en la pantalla de televisión. Hoy, lo cómico", *Figuraciones, teoría y crítica de arte*, N° 2 (3), 77-92, Buenos Aires, Área Transdepartamental de Crítica de Artes, IUNA.

BARREIROS, RAÚL y CINGOLANI, GASTÓN (2007) "Lo mediático y el discurso político. El análisis discursivo", *Oficios Terrestres*, XIII, 19, 102-111, La Plata, Fac. de Periodismo y Comunicación Social, Universidad Nacional de La Plata.

BARSKY, OSVALDO y DÁVILA, MABEL (2008) *La rebelión del campo*. Sudamericana. Buenos Aires.

BARTHES, ROLAND (1977) "Introducción al análisis estructural de los relatos" en VV.AA., *El análisis estructural*, Buenos Aires, CEAL, pp. 65-101 (orig.: *Communications*, nro. 8, París, 1966).

BASTIAN TRAMONTINI, MARIANA (2014) *Operaçoes de sentido na disputa presidencial*, Lajeado: WS Editor.

BATESON, GREGORY (1991) "Contacto cultural y esquismogénesis" y "Bali: El sistema de valores de un Estado estable" en *Pasos para una ecología de la mente*, Buenos Aires, Planeta-Carlos Lohlé.

BECERRA, MARTÍN (2010) "Las noticias van al mercado: etapas de intermediación de lo público en la historia de los medios de la Argentina", Lugones, Gustavo y Jorge Flores (comps.), *Intérpretes e interpretaciones de la Argentina en el bicentenario*, Universidad Nacional de Quilmes, Bernal, p. 139-165.

BECERRA, MARTÍN y LÓPEZ, SOLEDAD VANINA (2010) "La contienda mediática", en *Revista de Ciencias Sociales*, n° 16: 9-30, UNQ.

BERGER, JOHN (1972) *Ways of Seeing*, Londres, Penguin Books, 2008.

BIGLIERI, PAULA (2006) "El retorno del pueblo argentino: entre la autorización y la asamblea. Argentina en la era K", en Biglieri, Paula y Perelló, Gloria, *En el nombre del pueblo*, Buenos Aires, UNSAM.

BIRDWHISTELL, RAY L. (1979) *El lenguaje de la expresión corporal*. Madrid, Gustavo Gili.

BUTLER, JUDITH (2002) *Cuerpos que importan: sobre los límites materiales y discursivos del "sexo"*, Buenos Aires, Paidós.

BUTLER, JUDITH (2007) *El género en disputa. El feminismo y la subversión de la identidad*, Buenos Aires-México, Paidós.

CARLÓN, MARIO (2004) *Sobre lo televisivo. Dispositivos, discursos y sujetos*, Buenos Aires, La Crujía.

CARLÓN, MARIO (2008) "Maquinismo, naturaleza y sociedad en el discurso de las cámaras de informes climáticos y de control de tránsito por televisión", *CIC. Cuadernos de Información y Comunicación*, vol. 13, 131-141, Madrid: Universidad Complutense de Madrid.

CARLÓN, MARIO (2012) A midiatização da figura presidencial na Argentina da democracia: das bases institucionais à intempérie, en Transformações da midiatização presidencial. Corpos, relatos, negociações, resistências, A. F. Neto, J. Mouchon y E. Verón (orgs.), 131-143, São Caetano do Sul, SP, Difusão Editora (reeditado en Después del fin: uma perspectiva no antropocéntrica sobre la post-TV, el post-cine y YouTube. Buenos Aires, La Crujía Ediciones, 2016)

CARLÓN, MARIO (2013) "Contrato fundacional, poder y mediatización: noticias desde el frente sobre la invasión a YouTube, campamento de los bárbaros", Matrizes, 7, San Pablo, Universidad de Sao Paulo.

CHENEY-LIPPOLD, JIM (2011) "A New Algorithmic Identity. Soft Biopolitics and the Modulation of Control", Theory, Culture & Society, 28 (6), 164-181.

CINGOLANI, GASTÓN (2006) "¿POR QUÉ EL REALITY NO SE COMIÓ A LA TV? (PUESTAS EN ESCENA del 'hombre común': enunciación, institución y dispositivo en los shows informativos.)", en Gastón Cingolani (ed.), Discursividad televisiva, La Plata, Editorial Universidad de La Plata, 81-106.

CINGOLANI, GASTÓN (2012) "A midiatização da figura presidencial: espaços, estratégias e transições", en Transformações da midiatização presidencial. Corpos, relatos, negociações, resistências, Fausto Neto, A., Mouchon, J. y Verón, E. (orgs.), São Caetano do Sul, Difusão Editora, 53-67.

CINGOLANI, GASTÓN (2014a) "Sobre la distinción medio/dispositivo en Eliseo Verón", en A. Fausto Neto, N. Raimondo Anselmino, I. L.Gindin (eds.), Relatos de investigaciones sobre mediatizaciones, Rosario, UNR Editora, 55-70.

CINGOLANI, GASTÓN (2014b) "Para una futura retrospectiva del momento mediático kirchnerista", en I. L. Gindin (coord.), Kirchnerismo, mediatización e identidades políticas: reflexiones en torno a la política, el periodismo y el discurso. 2003-2008, CIM-Centro de Investigaciones en Mediatizaciones, Rosario, UNR Editora, pp. 93-99.

CINGOLANI, GASTÓN (2015) "La mediatización, entre los cuerpos ciudadanos y el cuerpo presidencial", en Paulo Cesar Castro (org.), Dicotomía Público / privado, estamos no caminho certo?, Maceió, Edufal, 187-209.

COULOMB-GULLY, MARLÈNE (2012) "Napoleão vence Marianne - Representação política e encarnação na campanha presidencial francesa de 2007", en A. Fausto Neto, J. Mouchon, E. Verón, & (orgs.), Transformações da midiatização presidencial. Corpos, relatos, negociações, resistências, São Caetano do Sul, Difusão Editora, 263-279.

CULIOLI, ANTOINE (1990) "Stabilité et déformabilité en linguistique", en A. Culioli, Pour une linguistique de l'énonciation. Opérations et représentations, Tomo 1, Paris, Ophrys, 127-134.

D'ADAMO, ORLANDO y GARCÍA BEAUDOUX, VIRGINIA (2016) "Comunicación Política: narración de historias, construcción de relatos políticos y persuasión", Comunicación y Hombre, N° 12, 23-39.

DAGATTI, MARIANO; SARGENTINI, VANICE (eds.) (2018) Los pueblos de la democracia. Política y medios en el siglo XXI, Buenos Aires, La Bicicleta.

DARNTON, ROBERT (2003) "Una de las primeras sociedades informadas: el París del siglo XVIII", en *El coloquio de los lectores: ensayos sobre autores, manuscritos, editores y lectores*. México, Fondo de Cultura Económica.

DAYAN, DANIEL (2000) "Televisión, le presque public", en *Réseaux*, N° 100, Cent/Hermès Science Publication, París.

DAYAN, DANIEL y KATZ, ELIHU (1995) *La historia en directo. La retransmisión televisiva de los acontecimientos*, Barcelona, Gustavo Gili.

DEBRAY, RÉGIS ([1993] 2000) *El Estado Seductor. Las revoluciones mediológicas del poder*, Buenos Aires, Manantial.

DE ÍPOLA, EMILIO (1997): *Las cosas del creer. Creencia, lazo social y comunidad política*. Buenos Aires, Ariel.

DIDI-HUBERMAN, GEORGES (2014) *Pueblos expuestos, pueblos figurantes*, Buenos Aires, Manantial.

DUCROT, OSWALD y TODOROV, TZVETAN (1995) *Diccionario enciclopédico de las ciencias del lenguaje* (17 ed.). México, Siglo XXI.

ECO, UMBERTO (1994) "TV: la transparencia perdida", en *La estrategia de la ilusión*, Buenos Aires: Lumen/De la Flor.

EKMAN, PAUL y FRIESEN, WALLACE V. (1969) "Origen, uso y codificación: bases para cinco categorías de conducta no verbal", en E. Verón (ed.), *Lenguaje y comunicación social*, Buenos Aires, Nueva Visión, 51-105.

ELLIS, JOHN (2000) *Seeing Things. Television in the Age of Uncertainty*. Londres-N.York, I.B.Tauris.

FAUSTO NETO, ANTÔNIO, MOUCHON, JEAN, y VERÓN, ELISEO (orgs.) (2012) *Transformações da midiatização presidencial. Corpos, relatos, negociações, resistências*, São Caetano do Sul, Difusão Editora.

FAUSTO NETO, ANTÔNIO, VERÓN, ELISEO, y RUBIM, ANTONIO ALBINO (2003) *Lula presidente. Televisão e política na campanha eleitoral*, São Paulo: Hacker, São Leopoldo: Unisinos.

FERNÁNDEZ, MARIANO y CINGOLANI, GASTÓN (2010a) "Televisión y política: espacio público, puestas en escena y regímenes de visibilidad", *Oficios Terrestres*, XV, 25: 37-49, La Plata, Fac. de Periodismo y Comunicación Social, Universidad Nacional de La Plata.

FERNÁNDEZ, MARIANO y CINGOLANI, GASTÓN (2010b) "Televisión, identidades y ciudadanía. Estrategias políticas y estrategias audiovisuales en cuatro actos de Cristina Fernández", *Primeras Jornadas de Debates Actuales de la Teoría Política Contemporánea*. Buenos Aires, UBA. 11/03/2010. http://teoriapoliticacontemporanea.blogspot.com/search/label/Identidad

FERNÁNDEZ, MARIANO y STOESSEL, SOLEDAD (2012) "¿Una estrategia populista? El discurso de los dirigentes agrarios durante el conflicto del campo en Argentina", XII Jornadas de Sociología. Facultad de Humanidades y Ciencias de la Educación, La Plata.

FERRY, JEAN-MARC (comp.) (1989) "Transformaciones de la publicidad política", en *El nuevo espacio público*. Barcelona: Gedisa, 1998a.

FRANÇA, VERA y GUIMARÃES CORRÊA, LAURA (2012) "Dilma Rousseff - Transição de imagens no processo de construção de uma mulher presidenciável", en A. Fausto Neto, J. Mouchon, E. Verón (orgs.), *Transformações da midiatização presidencial. Corpos, relatos, negociações, resistências*, São Caetano do Sul, Difusão Editora, 317-334.

GENETTE, GÉRARD (2004) *Metalepsis*, Buenos Aires-México, Fondo de Cultura Económica.

GEROULD, DANIEL (1978) "Russian Formalist Theories of Melodrama", en Landy, Marcia (ed.) (1991) *Imitations of life: a reader on film & television melodrama*. Detroit: Wayne State University Press, pp. 118-134. (orig.: *The Journal of American Culture*, Vol. 1 N° 1 1978, pp. 152-68).

GIARRACA, NORMA y TEUBAL, MIGUEL (coords.) (2011) *Del paro agrario a las elecciones de 2009. Tramas, reflexiones y debates*. Buenos Aires, Antropofagia.

GINDIN, IRENE (2016) *La construcción discursiva de la identidad política de Cristina Fernández de Kirchner durante su primera presidencia (2007-2011)*, tesis doctoral, Facultad de Ciencia Política y RR.II., Universidad Nacional de Rosario.

GINDIN, IRENE (2017) "La escenografía profesoral como vínculo: el ethos magistral en el discurso de Cristina Fernández de Kirchner (2007-2011)", *Temas y Debates*, 33: 107-132.

GOFFMAN, ERVING (1956) *The Presentation of Self in Everyday Life*, University of Edinburgh Social Sciences Research Centre, George Square, Monograph No. 2, Edinburgh (1981/2009, *La presentación de la persona en la vida cotidiana*, Buenos Aires, Amorrortu).

GOFFMAN, ERVING (1974) *Frame analysis*, Harvard University Press.

GOFFMAN, ERVING (1979) *Relaciones en público. Microestudios del orden público*, Madrid, Alianza.

GREIMAS, ALGIRDAS J. (1971) "Reflexiones acerca de los modelos actanciales", en *Semántica estructural. Investigación metodológica*, Madrid, Gredos, 262-293. (orig.: *Sémantique structurale. Recherche de méthode*, Larousse, París, 1966).

GUESS, ANDREW; LYONS, BENJAMIN; NYHAN, BRENDAN; RIEFLER, JASON (2018) "Avoiding the Echo Chamber about Echo Chambers." Knight Foundation, online: https://kf-site-production.s3.amazonaws.com/media_elements/files/000/000/133/original/Topos_KF_White-Paper_Nyhan_V1.pdf

HELMS, LUDGER (2008) "Governing in the Media Age: the impact of the mass media on executive leadership in contemporary democracies", in Government and opposition, vol. 43: 26-54.

HJARVARD, STIG (2008) "The mediatization of society. A theory of the media as agents of social and cultural change", *Nordicom Review* 29, (2): 105-134.

HJARVARD, STIG (2013) *A midiatização da cultura e da sociedade*. Sao Leopoldo.

HORA, ROY (2010) "La crisis del campo del otoño de 2008", en *Desarrollo Económico*, vol. 50, N° 197: 81-111, abril junio.

JENKINS, HENRY (2003) "Transmedia Storytelling. Moving characters from book to films to video games can make them stronger and more compelling", Technology review. http://www.technologyreview.com/news/401760/transmedia-storytelling/

JENKINS, HENRY (2008) *Convergence Culture. La cultura de la convergencia de los medios de comunicación*. Barcelona: Paidós.

JENKINS, HENRY (2009) *Fans, blogueros y videojuegos. La cultura de la colaboración*. Barcelona: Paidós.

JENKINS, HENRY; FORD, SAM; GREEN, JOSHUA (2013) *Spreadable media: creating value and meaning in a networked culture*, New York - London, New York University Press.

KAUFMANN, LAURENCE (2018) "Debunking deference: the delusions of unmediated reality in the contemporary public sphere", Javnost-The Public, 2018, DOI: 10.1080/13183222.2018.1418967

KANTOROWICZ, ERNST H. (1957) *Los dos cuerpos del rey. Un estudio de teología política medieval*, Madrid, Ediciones Akal, 2012.

KITZBERGER, PHILIP (2011) "'La madre de todas las batallas': el kirchnerismo y los medios de comunicación", en Malamud y De Luca (coord.) *La política en los tiempos de Kirchner*. Buenos Aires, Eudeba.

KULFAS, MATÍAS (2016) *Los tres kirchnerismos: una historia de la economía argentina 2003-2015*, Buenos Aires, Siglo XXI.

LANDOWSKY, ERIC (1985) "Eux, nous et moi: régimes de visibilité", *Mots*, Le «nous» politique, N°10, 9-16.

LEFORT, CLAUDE (2012) *Democracia y representación*. Buenos Aires, Prometeo.

LUHMANN, NIKLAS (1996) *The Reality of the Mass Media*, Stanford, Stanford University Press.

LUPTON, DEBORAH (2016) *The quantified self*. Malden: Polity Press.

MAINGUENEAU, DOMINIQUE (1999) "Ethos, scénographie, incorporation", en Ruth Amossy, *Images de soi dans le discours. La construction de l'ethos,* Lausanne - Paris: Delachaux et Niestlé, 75-100.

MARTÍNEZ MENDOZA, ROLANDO (2006) "Conversar en televisión. De la conversación a las conversaciones televisivas", en G. Cingolani (ed.), *Discursividad televisiva*, La Plata, Editorial Universidad de La Plata, 107-123.

MARTÍNEZ, FABIANA (2008) "Radicalización de antagonismos: discursos presidenciales durante el conflicto con el *campo*", *Actas XII Jornadas Nacionales de Investigadores en Comunicación*, Fac. de Ciencia Política y RR.II., UNR, Disponible en http//www.redcomunicacion.org/memorias/index.php

MESTMAN, MARIANO y VARELA, MIRTA (coords.) (2013) *Masas, Pueblo, Multitud en Cine y Televisión*, Buenos Aires, Eudeba.

METZ, CHRISTIAN (1970) "El decir y lo dicho en el cine: ¿hacia la decadencia de un cierto verosímil?", *Lo verosímil*, VV.AA, Buenos Aires, Tiempo Contemporáneo, 17-30 (orig. *Communications*, Le Vraisemblable, 11, Seuil, Paris, 1968).

METZ, CHRISTIAN (1979) *El significante imaginario*, Barcelona: Gustavo Gilli.

METZ, CHRISTIAN (1991) *L'énonciation impersonnelle ou le site du film*. Paris: Méridiens Klincksieck.

MEUNIER, JEAN-PIERRE (1999) "Dispositif et théories de la communication: deux concepts en rapport de codétermination", en *Hermès*, N°25, *Le dispositif. Entre usage et concept*, Paris, CNRS Editions.

MONTERO, ANA SOLEDAD (2012) *Y al final un día volvimos! Los usos de la memoria en el discurso kirchnerista (2003-2007)*, Buenos Aires: Prometeo.

MONTERO, SOLEDAD y VINCENT, LUCÍA (2013) "Del 'peronismo impuro' al 'kirchnerismo puro': la construcción de una nueva identidad política durante la presidencia de Néstor Kirchner en Argentina (2003-2007)", en *POSTData*, 18, N°1: 123-157.

MUÑOZ, MARÍA ANTONIA y RETAMOZO, MARTÍN (2008) "Hegemonía y Discurso en la Argentina contemporánea. Efectos políticos de los usos de "pueblo" en la retórica de Néstor Kirchner", *Revista Perfiles Latinoamericanos*, N° 31, México.

MUÑOZ, M. ANTONIA y RETAMOZO, MARTÍN (2013) "'Kirchnerismo': gobierno, política y hegemonía". *Mímeo*.

NAISHTAT, F (1999) "Acción colectiva y regeneración democrática del espacio público", en Quiroga, Hugo; Villavicencio, Susana y Vermeren, Patrice (comps.), *Filosofías de la ciudadanía. Sujeto político y democracia*, Rosario. Homo Sapiens.

NAISHTAT, FRANCISCO, (2004) *Problemas filosóficos en la acción individual y colectiva*, Buenos Aires, Prometeo.

NARDACCHIONE, GABRIEL (2005) "La acción colectiva de protesta: del antagonismo al espacio público", en Schuster, Federico *et al* (comps). *Tomar la palabra : Estudios sobre protesta social y acción colectiva en la Argentina contemporánea*. Buenos Aires, Prometeo.

NATALUCCI, ANA (2012) "El kirchnerismo y sus estatuto como movimiento político (2003-2007)", en *Apuntes de Investigación del CECYP*, Año XVI, n° 21: 133-154.

NATALUCCI, ANA (2014) "La cultura política en el kirchnerismo: dos hipótesis sobre la politización". En *Sudamérica*. N° 3.

NATALUCCI, ANA y PÉREZ, GERMÁN. (2014) "El kirchnerismo como problema sociológico", en G. Pérez y A. Natalucci, *Vamos las bandas. Organizaciones y militancia kirchnerista*, Buenos Aires: Nueva Trilce.

NOVARO, MARCOS (2011) "La cultura política y el sentido común bajo el kirchnerismo", en Malamud, Andrés y De Luca, Miguel (coords.) *La política en tiempos de Kirchner*. Buenos Aires: Edueba.

O'HARA, JOHN (1984) "The Narrative Construction of Reality. An interview with Stuart Hall", *The Southern Review*, 17: 3-17.

OLLIER, MARÍA MATILDE (2015) "El ciclo de las presidencias dominantes", en Gervasoni, C. y Peruzotti, E. (comps.) *¿Década ganada?: Evaluando el legado del kirchnerismo*, Buenos Aires, Debate.

PANKE, LUCIANA, IASULAITIS, SYLVIA (2016) "Mulheres no poder: aspectos sobre o discurso feminino nas campanhas eleitorais", *Opinião Pública*, 22 (2): 385-417.

PARISER, ELI (2017) *El filtro burbuja*, Madrid, Taurus.

PATROUILLEAU, MARÍA MERCEDES (2010) "Discurso y narración en las dinámicas de constitución identitaria. La experiencia kirchnerista en Argentina", *CONfines*, 6/11 enero-mayo, 37-58.

PEIRCE, CHARLES (1987) *Obra Lógico-Semiótica*, Taurus, Madrid.

PEIRCE, CHARLES SANDERS (1894) "¿Qué es un signo?", en Nathan Houser, Christian Kloesel (eds.) *Obra filosófica reunida. Tomo II (1893-1913)*, México, FCE, 2012, 53-60.

PÉREZ, GERMÁN y NATALUCCI, ANA (2010) "La matriz movimentista de acción colectiva en Argentina. La experiencia del espacio militante kirchnerista", en *América Latina Hoy*, n° 54, 97-112.

PETRIS, JOSÉ LUIS (2006) "El protoespacio televisivo: el viejo espectáculo de algunas espontaneidades", en G. Cingolani (ed.), *Discursividad televisiva*, La Plata: Edulp, 57-80.

PIZZORNO, ALESSANDRO (1985) "Sobre la racionalidad de la opción democrática", en *Los límites de la democracia*, Buenos Aires, Clacso.

PLOTKIN, MARIANO (1995) "Rituales políticos, imágenes y carisma: la celebración del 17 de octubre y el imaginario político peronista", en Juan Carlos Torre, *El 17 de octubre de 1945*, Buenos Aires: Ariel.

RABOTNIKOF, NORA (1997) *El espacio público y la democracia moderna*, Instituto Federal Electoral, México.

RAMÍREZ GELBES, SILVIA (2012) "De Eva a Cristina: Ethos e discurso político", en A. Fausto Neto, J. Mouchon, E. Verón (orgs.), *Transformações da midiatização presidencial. Corpos, relatos, negociações, resistências*, São Caetano do Sul: Difusão Editora, 281-299.

RANCIÈRE, JACQUES (1990) *Los nombres de la historia. Una poética del saber*, Buenos Aires: Nueva Visión.

RANCIÈRE, JACQUES (2007) *El desacuerdo*, Nueva Visión, Buenos Aires.

RECALDE, ARITZ (2008) "Análisis de la ley del servicio de radiodifusión 14.241 del año 1953", en *Question*, Vol. 1, Núm. 18 Otoño (abril-junio), en http://perio.unlp.edu.ar/ojs/index.php/question/article/view/602/513 .

RETAMOZO, MARTÍN (2013) "Discursos y lógica política en clave K. En Balsa. J (coord.) *Discurso, política y acumulación en el kirchnerismo*. Buenos Aires (Argentina): UNQui - CCC.

RINCÓN, OMAR (2008) *Los tele-presidentes: cerca del pueblo, lejos de la democracia (cronicas de 12 presidentes latinoamericanos y sus modos de comunicar)*, Bogota: Centro de Competencia en Comunicacion para America Latina, Frierich Ebert Stiftung.

RINESI, EDUARDO (2011) "Notas para una caracterización del kirchnerismo", en *Debates y Combates*, FCE, 141-172.

RIORDA, MARIO (2006) "Los mitos de gobierno. Una visión desde la comunicación gubernamental", *Hologramática*, Facultad de Ciencias Sociales – UNLZ, Año III, Número 4, V2, 21-45. www.hologramatica.com.ar o www.unlz.edu.ar/sociales/hologramatica

RIVIÈRE, CLAUDE (1989) *As liturgias políticas*. Imago, Río de Janeiro.

RIVIÈRE, CLAUDE (2005) "Célébrations et cérémonial de la république", en *Hermès* n° 43: 23-29.

Rocca Rivarola, Dolores (2017) "La militancia kirchnerista. Tres momentos del compromiso activo oficialista (2003-2015)", en Pucciarelli, A, y Castellani, A. *Los años del kirchnerismo. La disputa hegemónica tras la crisis del orden neoliberal.* Buenos Aires, Siglo XXI.

Russo, Eduardo A. (2012) "Cine: una puesta en otra escena. Quince años después", en La Ferla, Jorge y Reynal, Sofía (comps.). *Territorios Audiovisuales: cine, video, televisión, instalación, documental, nuevas tecnologías, paisajes mediáticos.* Buenos Aires: Libraria, 49-64.

Sánchez Ruiz, Enrique (2005) *Medios de comunicación y democracia,* Norma, Buenos Aires.

Sartori, Giovanni (1998) *Homo videns,* Madrid, Taurus.

Schaeffer, Jean-Marie (1990) *La imagen precaria (del dispositivo fotográfico),* Madrid, Cátedra.

Schmitt, Carl (1932) *El concepto de lo político,* Alianza, Madrid, 1998.

Scolari, Carlos (2009) "This is the end. Las interminables discusiones sobre el fin de la televisión", en M. Carlón y C. Scolari (eds.), *El fin de los medios masivos,* Buenos Aires, La Crujía, 189-208.

Scolari, Carlos A. (2013) *Narrativas Transmedia. Cuando todos los medios cuentan,* Centro Libros PAPF, S.L.U.

Sennett, Richard (1978) *El declive del hombre público,* Barcelona, Península.

Sibilia, Paula (2008) *La intimidad como espectáculo,* Buenos Aires, FCE.

Sigal Silvia (2006) *La Plaza de Mayo. Una crónica,* Buenos Aires, Siglo XXI.

Sigal, Silvia y Verón, Eliseo ([1986] 2008) *Perón o Muerte. Los fundamentos discursivos del fenómeno peronista.* Buenos Aires, Eudeba.

Sorlin, Pierre (2004) *Los hijos de Nadar. El 'siglo' de la imagen analógica,* Buenos Aires, La Marca.

Soto, Marita (2012) "Silhuetas ou caricaturas? Um olhar sobre o corpo presidencial na imprensa escrita", en A. Fausto Neto, J. Mouchon, E. Verón, *Transformações da midiatização presidencial. Corpos, relatos, negociações, resistências,* São Caetano do Sul: Difusão Editora, 81-89.

Steimberg, Oscar (1998) *Semiótica de los medios masivos. El pasaje a los medios de los géneros populares,* Buenos Aires, Atuel.

Svampa, Maristella (2011) "Argentina, una década después. Del 'que se vayan todos' a la exacerbación de lo nacional-popular", *Nueva Sociedad,* N° 235, septiembre-octubre: 17-34.

Tabarrozzi, Marcos Leonardo (2016) *Crisis de consciencia. La aparición del pueblo en cuatro filmes del cine moderno argentino (1959-1988),* Tesis de maestría en Estética y Teoría de las Artes; Facultad de Bellas Artes, Universidad Nacional de La Plata, disponible en: http://sedici.unlp.edu.ar/handle/10915/58930

Todorov, Tzvetan (1970) "Introducción", *Lo verosímil,* VV.AA, Buenos Aires, Tiempo Contemporáneo, 11-15 (orig. *Communications,* Le Vraisemblable, 11, Seuil, Paris, 1968).

Todorov, Tzvetan (1978) "Les deux principes du récit", en *Les genres du discours,* París, Seuil. ("Los dos principios del relato", en *Los géneros del discurso,* Caracas, Monte Ávila, 1978.)

Touzón, Pablo (2017) "La gran zanja", publicado en *Panamá. No todo es política,* 18/04/17 Disponible en: http://panamarevista.com/la-gran-zanja/

TRAVERSA, OSCAR (1997) *Cuerpos de papel. Figuraciones del cuerpo en la prensa 1918-1940*, Barcelona: Gedisa.

TRAVERSA, OSCAR (2001) "Aproximaciones a la noción de dispositivo" en *Signo y Seña*, 12, Buenos Aires, Instituto de Lingüística, Facultad de Filosofía y Letras, UBA, Abril, 231-247. [Reeditado en Traversa (2014: 19-35)]

TRAVERSA, OSCAR (2012) "Os dispositivos do presidente. en *Transformações da midiatização presidencial. Corpos, relatos, negociações, resistências*", A. F. Neto, J. Mouchon y E. Verón (orgs.), São Caetano do Sul, SP, Difusão Editora, 91-111 [Reeditado en Traversa (2014: 289-319)].

TRAVERSA, OSCAR (2014) *Inflexiones del discurso*, Buenos Aires, Santiago Arcos.

TURKLE, SHERRY (1995) *La vida en la pantalla. La construcción de la identidad en la era de Internet*, Barcelona, Paidós Ibérica.

VALDETTARO, SANDRA (2014) "Cuerpo-presidencial-performático y Mediatización: entre la sobreexposición y el ocultamiento", en *Relatos de investigaciones sobre mediatizaciones*, A. Fausto Neto, N. Raimondo Anselmino, I. L. Gindin (eds.) Rosario, UNR Editora. Editorial de la Universidad Nacional de Rosario, 130-156.

VERÓN, ELISEO (1983) "Il est là, je le vois, il me parle", *Communications* (38), 98-120.

VERÓN, ELISEO (1984) "Quand lire c'est faire: l'énonciation dans le discours de la presse écrite", *Sémiotique II*, Paris, Institut de Recherches et d'Etudes Publicitaires, 33-56,

VERÓN, ELISEO (1985a) "Le séjour et ses doubles: architectures du petit écran", *Temps Libre*, 11, Paris: Séminaire RATP-Université-Recherche, 67-78 [Ed. cast.: (2001) "El living y sus dobles. Arquitecturas de la pantalla chica", en *El cuerpo de las imágenes*, Buenos Aires: Norma, 13-40.]

VERÓN, ELISEO (1985b) *Le corps du président. Essai sur la démocratie audiovisuelle avancée*, inédito.

VERÓN, ELISEO (1985c) "L'analyse du 'contrat de lecture': une nouvelle méthode pour les études de positionnement des supports presse", en *Les médias. Expériences, recherches actuelles, applications*, Paris, Institut de Recherches et d'Etudes Publicitaires, 203-230.

VERÓN, ELISEO (1987a) "Corps et méta-corps en démocratie audiovisuelle", *Après-demain*, N° 293-294: 32-35, París, abril-mayo.

VERÓN, ELISEO (1987b) "La palabra adversativa. Observaciones sobre la enunciación política", en AA.VV. *El discurso político Lenguajes y Acontecimientos*, Buenos Aires, Edicial-Hachette, 11-26.

VERÓN, ELISEO (1988) *La semiosis social. Fragmentos de una teoría de la discursividad*, Barcelona, Gedisa.

VERÓN, ELISEO (1989) "Télévision et démocratie: à propos du status de la mise en scène", *Mots*, 20: 75-90. [Reeditado, con modificaciones, en *El cuerpo de las imágenes*, Buenos Aires, Grupo Editorial Norma, 2001, 67-86]

VERÓN, ELISEO (1991) "Les médias en réception: les enjeux de la complexité", *Médias Pouvoirs*, n° 21: 166-172.

VERÓN, ELISEO (1992) "Lectures", Hermes, 10: 299-305, Paris [reeditado como "Vínculo social, gran público y colectivos de identificación. A propósito de una teoría crítica de la televisión", en Eliseo Verón, *El cuerpo de las imágenes*, Buenos Aires, Norma, 2001, 87-100].

VERÓN, ELISEO (1994) "De la sémiologie de l'image aux discursivités. Le temps d'une photo", *Hermès*, 13/14: 45-64.

VERÓN, ELISEO (1998) "Mediatización de lo político. Estrategias, actores y construcción de colectivos", en J. Mouchon (comp.), *Comunicación y política*. Barcelona: Gedisa.

VERÓN, ELISEO (1999) "La imagen de una ausencia", en *Efectos de agenda*, Barcelona: Gedisa, 93-96.

VERÓN, ELISEO (2001) "Les publics entre production et réception: problèmes pour une théorie de la reconnaissance", Cursos de Arrabida, Portugal, conferencia inédita.

VERÓN, ELISEO (2002) *Espacios mentales*, Gedisa, Buenos Aires.

VERÓN, ELISEO (2004) *Fragmentos de un tejido*, Barcelona, Gedisa.

VERÓN, ELISEO (2009) "El fin de la historia de un mueble", en M. Carlón y C. Scolari (eds.), *El fin de los medios masivos*, Buenos Aires, La Crujía, 229-248.

VIRNO, PAOLO (2003) *Gramática de la multitud. Para un análisis de las formas de vida contemporáneas*, Traficantes de Sueños, colecc. mapas, http://traficantes.net

VITALE, MARÍA ALEJANDRA (2016) "¿Ethos femenino y feminine style? El primer discurso publico de dos presidentes mujeres: Michelle Bachelet (Chile) y Cristina Fernández de Kirchner (Argentina)", *Lenguaje*, 44 (1), 61-82.

VOMMARO, GABRIEL y ARONSKIND, RICARDO (Comps.) *Campos de batalla. Las rutas, los medios y las plazas en el nuevo conflicto agrario*, Buenos Aires, Prometeo.

WATZLAWICK, PAUL, J.H. BEAVIN, D.D. JACKSON (1971) "Algunos axiomas exploratorios de la comunicación", en *Teoría de la comunicación humana*, Buenos Aires, Tiempo Contemporáneo.

WOLTON, DOMINIQUE (1990) *Éloge du grand public. Une théorie critique de la télévision*, Paris: Flammarion (ed. cast.: *Elogio del gran público. Una teoría crítica de la televisión*, Barcelona, Gedisa: 1995).

WOLTON, DOMINIQUE (2000) *Internet, ¿y después?*, Gedisa, Barcelona.

Impreso por TREINTADIEZ S. A. en 2019
Pringles 521 (C1183 AEI)
Ciudad Autónoma de Buenos Aires
Teléfonos (011) 4862-6794 / (011) 4864-3297
editorial@treintadiez.com